WILIGUT
LA SCIENZA SEGRETA

SECONDO IL SUO DISCEPOLO EMIL RÜDIGER

WILIGUT
LA SCIENZA SEGRETA

SECONDO IL SUO DISCEPOLO EMIL RÜDIGER

Traduzione di
Alessandro Rossolini

Introduzione di
Marco Zagni

ISBN-13:   9798801702674

1ª edizione a stampa – Aprile 2022
GRAAL Edizioni

*Il monile di Freyja, lavorato dai Nani, è l'oggetto magico che simbo-
leggia il potere della Dea della Fecondità: ancora una volta le Forze
del Male, rappresentate da Loki, tentano di sottrarlo per sconvolgere
l'Equilibrio del Cosmo. Tuttavia nel Mito sono inseriti elementi diversi,
perché il racconto viene utilizzato come antefatto al Mito dell'Eterna
Battaglia.*

Gianna Chiesa Isnardi, *I Miti Nordici*

INTRODUZIONE
di Marco Zagni

Grazie al lavoro di traduzione di Alessandro Rossolini possiamo presentare al pubblico del nostro Paese un altro pezzo in più per comporre il pensiero e il lavoro di Karl Maria Wiligut, il "Rasputin" di Heinrich Himmler, per come è passato alla Storia. Nonostante gli attuali tempi oscuri siano sempre meno indicati per informare e svolgere il proprio lavoro di ricerca che portino a saggi come questo, noi speriamo che il presente scritto possa essere il primo di una serie legata a ben determinati personaggi che, a nostro parere, non debbano mai essere dimenticati. Passeremo ad analizzare *in primis* la figura di Wiligut, per poi dedicarci speditamente al personaggio di Emil Rüdiger, illustrando infine il suo lavoro tradotto in italiano qui presente, scritto alla fine degli anni Venti (1929), e dal probabile titolo originale: *La Forza dei due Soli – (Brisinga Halsband Mythe/Die Kraft der Zwei Sonnen).*

Karl Maria Wiligut (1866-1946)

Karl Maria Wiligut era nato a Vienna il 10 dicembre 1866, in una famiglia di militari: suo nonno infatti era stato un ufficiale mentre suo padre aveva occupato una posizione investigativa all'interno della cerchia militare molto vicina all'Imperatore d'Austria. Così anche Karl Maria aveva seguito questa tradizione. Nel 1880 era entrato nella Scuola dei Cadetti di Vienna, quattro anni più tardi diventava aspirante ufficiale nel 99° Reggimento di Fanteria di Mostar. Nel 1888 divenne sottotenente, e poi tenente. Nel 1903 venne nominato capitano e infine comandante nel 1913.

Durante la Prima Guerra Mondiale venne inviato sul Fronte Russo, dove ben presto si distinse per le capacità organizzative, la resistenza alla marcia, l'avere un buon sangue freddo, cosa che lo portò ad essere promosso tenente colonnello. Trasferito sul Fronte Italiano dal 1915 al 1916, il suo valore organizzativo venne apprezzato ulteriormente e così venne inviato dietro le linee per riorganizzare le Riserve dell'Esercito Austriaco, e poi continuò come razionalizzatore del Servizio Postale Militare in Austria e infine in Ucraina. Nel 1917 era diventato colonnello. All'inizio del 1919 andò in pensione e si ritirò a Salzburg con la famiglia. Wiligut si era infatti sposato nel 1907 con Malwine Leurs von Treuenringen (che si dice fosse parente di uno degli ultimi Dogi di Venezia) e aveva avuto due figlie, Gertrude (1907) e Lotte (1910). Un figlio maschio era purtroppo morto poco dopo la nascita. Veniamo ora a sviluppare alcuni altri spunti interessanti per farci capire di più il personaggio.

Quando era diventato sottotenente, Karl Maria Wiligut aveva avuto la possibilità di entrare nella Massoneria, cosa che fece, aderendo alla Loggia Schlaraffia con il nome mistico di *Lobesam*. Wiligut fece parte di questa Loggia per ben 25 anni, sino quasi all'inizio della Prima guerra mondiale. In questo periodo massonico e militare ebbe la facoltà di comporre alcuni scritti a connotazione occultista e pagana, il primo dei quali pare sia un'opera pubblicata nel 1903 dal titolo *Seyfrieds Runen* (editore Friedrich Shalk), un lavoro-poema epico leggendario che narrava delle vicende del Principe Seyfried von Rabenstein che avrebbe regnato su un reame situato presso il fiume Thaya (situato oggi tra l'Austria e la Repubblica Ceca).

Nella prefazione Wiligut stesso dava una sua interpretazione di questa leggenda. Nel 1908, quando poi scrisse *I nove Comandamenti di Dio* (*Gôt*), Wiligut attrasse l'attenzione di Circoli viennesi legati all'Ordine del Nuovo Tempio di Jörg Lanz von Liebenfels (ONT), soprattutto tramite l'intervento di un cugino di Wiligut a nome Willy Thaler , marito di Marie Thaler, un'attrice allora abbastanza conosciuta.

In questi anni precedenti la guerra mondiale Wiligut ebbe infatti rapporti amichevoli con alcuni aderenti all'ONT, pur non aderendo all'Ordine, e nel frattempo si informava degli scritti di Guido von List (1848-1919), ma alcuni contatti si fecero più serrati solo dopo il suo congedo militare.

Nel 1920 infatti, proprio nel periodo in cui Wiligut si stava dando da fare nello studio di varie tesi occultiste, ariosofiche e *völkisch*, Lanz von Liebenfels (1874-1954), che probabilmente era ben conscio delle capacità culturali di Wiligut, fece in modo di farlo rincontrare con un adepto ONT, Theodor Czepl, che aveva avuto a che fare con Wiligut prima della guerra. Czepl andò a Salzburg per ben tre volte a trovarlo, rimanendo come ospite a casa sua per diverse settimane nel periodo invernale 1920-1921. Dopo questo periodo Czepl compilò un rapporto che inviò a Liebenfels, dal quale trasparivano delle notizie interessanti che qui di seguito riportiamo.

Czepl annotava nel suo rapporto che Wiligut si autoconsiderava un "Re segreto della Germania" o meglio un "Re Mago" (*Ueiskuinig*) e soprattutto ereditario di un "Sacro Clan" (Gli Uiligoti della stirpe Asa Uana). Inoltre Wiligut era convinto che la Sacra Bibbia originaria era stata scritta in un antica forma di lingua germanica, e relativa a dei fatti molto più antichi di quello che si pensasse, e che si erano svolti sempre in Germania, così che erano state delle male interpretazioni ed erronee traduzioni a trasformarla in quella che era attualmente. Infatti l'ultima volta che Czepl si era incontrato con Wiligut questi gli aveva fatto dono di un poema dedicato a lui stesso che aveva scritto (dal titolo *Deutsch Gottesglaube*), che in sostanza doveva essere l'essenza di questo proto-cristianesimo ancestrale di tipo *Irminista*.

Le particolarità culturali di Wiligut vertevano pertanto su un approccio alternativo alla Storia della Terra e dell'Uomo, a una sua interpretazione delle vicende religiose del passato e allo studio delle Rune sacre.

Tutte le frequentazioni settarie da lui intraprese, tutti questi studi non comuni avevano però portato Wiligut verso un acceso nazionalismo germanico, e cominciava a vedere e denunciare complotti demo-pluto-giudaico-massonici di ogni sorta, trascurava la sua famiglia e lentamente stava portando allo sbando e al declino economico il suo patrimonio.

Resosi pericoloso, così fu detto, per la stessa moglie e le sue figlie, venne denunciato dalla sua stessa sposa Malwine, che chiese alle autorità che venisse arrestato ed interdetto. Così, nell'ottobre del 1924, Wiligut venne tratto in arresto a Salzburg da un gruppo di infermieri, i quali lo portarono immediatamente al manicomio cittadino, dove là rimase per quasi tre anni.

Grazie all'intercessione di diversi suoi amici e discepoli, appartenenti a vari gruppi, come l'ONT e la Società dell'Edda (costituitasi nel 1925), Karl Maria Wiligut venne liberato nel 1927: i medici si convinsero che non fosse un uomo pericoloso e le uniche stranezze che notavano in lui erano una curiosa ancestrale ricostruzione storica dell'Origine del Mondo, e le sue dichiarazioni di appartenere a una schiatta familiare antichissima, riconducibile ad antichi Dèi nordici. Wiligut si riteneva depositario di una memoria ancestrale o genetico-ereditaria che risaliva a 300.000 anni fa. Questo ricordo genetico si trasmetteva di padre in figlio maschio, per questo motivo Wiligut aveva sofferto moltissimo per la perdita del figlio.

Nei primi tempi di ritorno alla libertà a Salzburg, Wiligut spesso riceveva diversi discepoli austriaci e tedeschi, e li intratteneva per ore illustrando il suo ultimo lavoro, i *Motti di Halgarita* (*Halgarita*

Sprüche)[1].

Prima però di descrivere brevemente l'ultima parte della sua vita, che corre grosso modo dal 1932 sino al 1946, anno della sua morte, sarà meglio fare qui un piccolo sunto delle discipline e delle credenze studiate da Wiligut, che troveranno ovviamente più spazio e ben altre argomentazioni negli appunti scritti di Emil Rüdiger, tradotti da Rossolini e pubblicati in questo saggio, dopo questa Introduzione, presentati per la prima volta in italiano.

Secondo Wiligut, le Rune partecipano alla costituzione di un mondo alternativo fatto di materia, energia e flussi di forza cui lo studioso delle rune deve collegarsi per poter penetrare in un *altro mondo*. Il possesso delle forze ascendenti-discendenti e orizzontali permettono al praticante di rimanere sospeso in uno spazio-tempo magico (come accadeva a lui, a suo dire) e da lì osservare da una posizione di *Eterno Presente* gli eventi del passato e del futuro. In un famoso articolo pubblicato sul periodico *Hagal*[2], Wiligut metteva in correlazione le rune con i segni astrologici ed i mesi dell'anno, una dimostrazione di come le rune permeavano tutto il micro-macro Universo.

In altri articoli venivano indicate le rune più importanti, cioè quelle fondamentali da evocare per poter intraprendere questi viaggi della mente. In sostanza le rune non dovevano essere viste solo come l'alfabeto primordiale dell'Umanità (la tesi di Herman Wirth), ma soprattutto come una vera e propria chiave per carpire i segreti del cosmo. Ecco allora una breve sintesi dei suoi studi runici:

1. Punto chiave per comprendere l'Universo in cui viviamo è una commistione di mutabilità/immutabilità. L'Universo è regolato da leggi che comprendono una sorta di apparente stabilità (interpretato graficamente da un piano orizzontale)

---

[1] Si veda in seguito la parte su Rüdiger.

[2] Jarl Widar (K.M.Wiligut), *Tyrkreiszeichen und Sternbilder*, in *Hagal* n.12, 1935.

intersecata da un movimento ascendente/discendente mutevole di energia (interpretato da un piano verticale). L'incrocio di questi piani energetici determina il concetto di *Eterno Presente.*

2. Le Rune magiche possono venire in aiuto per la comprensione dell'incessante motore dell'Universo: in particolare la comprensione del risultato di un'equazione "runica" che somma la terza runa dell'*Edda* THORR (Lampo, saetta, spina o ascia)

 THORR

con la quindicesima runa MAN o MOND (Uomo, Luna).

 MAN o MOND

Una sorta di rapporto *Microcosmo-Macrocosmo.*

3. La Terra e la Storia dell'Uomo sono sempre state una lotta tra le energie ascendenti e discendenti contrapposte, rappresentate fisicamente da fasi di ascesa dell'Umanità alternate da fasi di regresso: le cause ultime di tutto questo si possono riassumere nell'Impatto ciclico del nostro pianeta con altri corpi celesti, in particolare le lune, che si schiantano periodicamente sulla Terra. Il richiamo alle tesi catastrofiste di Hanns Hörbiger (1860-1931) è evidente.

4. Grande risalto fu dato anche ad uno studio simultaneo tra i siti archeologici più significativi della Germania ed altri luoghi di importanza storico/megalitica con la disciplina delle "Linee di Forza" energetiche (*Ley-Lines*), che attraversano tutto il nostro pianeta.

Inoltre, a suo dire, ne abbiamo accennato prima, la religione segreta degli antichi Germani non era stata l'Odinismo/Wotanismo ma *l'Irminismo di Krist*, riscrivendo così la storia religiosa dei popoli del Nord Europa come una durissima lotta tra l'Irminismo e il Wotanismo, lotta che durava da almeno 75.000 anni. In primo luogo l'Irminismo secondo Wiligut/Weisthor non doveva essere confuso con lo stesso termine che prendeva in considerazione il simbolismo dell'Albero della vita o Asse cosmico del mondo chiamato *Irminsul o Yggdrasill*. Esisteva qui essenzialmente una concezione monoteista di antica derivazione nordico-germanica che niente aveva a che fare con la venerazione per gli antichi Dèi pagani. Il Cristo originale nordico (Krist, insieme ad il suo successore Baldur-Chrestos) era una figura che si perdeva nella notte dei tempi perché la Bibbia autentica, secondo Wiligut, prendeva spunto da reali avvenimenti verificatisi in epoca antidiluviana in Germania, ed infatti era stata scritta in un'antica lingua germanica.

Tutte queste concezioni, in verità, Wiligut le aveva in parte ereditate dalla approfondita lettura di alcuni testi apparsi all'inizio del Novecento e che riprendevano scritti medievali. In particolare il libro di Ernst Betha *Die Erde und Unsere Ahnen*, del 1913[3] gli aveva fornito dei presupposti importantissimi riguardo la concezione della sua teologia e della storia segreta: la *Bibbia* ebraica era una copia spuria di avvenimenti avvenuti in verità in Germania, dove la località di Goslar ne era stata una delle zone più importanti a partire dal 12.000 a.C. In seguito il Centro sacro irminista era stato trasferito alle famose *Externsteine*, ma anche qui i wotanisti avevano avuto il sopravvento.

A parte il libro di Betha, vari testi del medioevo avevano fornito a Wiligut nuove informazioni, riguardo per esempio l'esistenza di un Dio primordiale originario chiamato Krodo (derivazione corrot-

---

[3] Ernst Betha, *Die Erde und unsere Ahnen*, Berlin Lichterfelde 1913. Nuova edizione della Deutschherrenverlag, Berlin 2001.

ta di Kronos o Saturno), dal volto rettilo-pesciforme, esiliato sulla Terra e dimenticato e le cui ultime statue, per proibirne il culto, erano state distrutte dai wotanisti sassoni.

Nel 1931, proprio l'anno in cui la sua figlia minore Lotte raggiungeva la maggiore età, Wiligut manifestava la volontà di lasciare l'Austria per altri lidi, forse la Germania: non sappiamo se queste ragioni dipendessero dalla sua situazione familiare — i rapporti con la moglie, per esempio — o perché, come viene detto da più parti, si sentisse perseguitato politicamente (date le sue passate frequentazioni con personaggi antisemiti, anticristiani e pangermanisti), di fatto l'aver stretto legami con aderenti alla Società dell'Edda, gli aprì la possibilità di spostarsi effettivamente in Germania.

Grazie alla Società dell'Edda, nell'anno successivo era entrato in contatto con l'aderente Frieda Dorenberg la quale, cosa più importante, era una dei primi membri del Partito nazionalsocialista (NSDAP), tant'è vero che si dice avesse la tessera n. 6 e che si fosse iscritta allo NSDAP addirittura prima di Adolf Hitler.

La "Coscienza del Partito", così veniva chiamata la Dorenberg, si era offerta di aiutare Wiligut a trasferirsi in Baviera, cosa che Wiligut accettò di buon grado, spostandosi in un sobborgo di Monaco (Bogenhausen — ora è un quartiere di moda, sulla riva destra del fiume Isar) con il nome fittizio di Karl Maria Weisthor. Qui cominciò presto a incontrarsi con un gruppo di discepoli, insegnando loro la sua filosofia di vita e si mise pure a scrivere per la rivista *Hagal* con il soprannome di Jarl Widar.

Hagal allora era una sorta di bollettino della Società dell'Edda, pubblicato sotto la direzione del Presidente dell'Edda Werner von Bülow (1870-1947), che aveva sostituito il primo fondatore Rudolf John Gorsleben, morto nel 1930.

Attraverso questi primi articoli su *Hagal* Heinrich Himmler

(1900-1945), il Capo delle SS, venne a sapere dell'esistenza di Wiligut/Weisthor. Nel giugno del 1933 (Hitler aveva preso il potere solo da pochi mesi) ci fu a Detmold una conferenza organizzata dalla *Società Nordica* (*Nordische Gesellschaft*). Detmold è una località significativa per i tedeschi appassionati del proprio passato. Anche oggi, come allora, si svolgono importanti riunioni e conferenze universitarie all'interno di questa millenaria città medioevale. Pure l'Organizzazione *Ahnenerbe* (Eredità degli Antenati) tenne, per esempio, un'importante sessione di conferenze a Detmold nel giugno 1938. Ad ogni modo, in quell'estate del 1933 la SS Richard Anders (1894-1965), un esoterista amico e discepolo di Wiligut, favorì l'incontro e la conoscenza tra Himmler e Weisthor, che si rivelò molto positiva ed utile per entrambi.

A partire dal settembre 1933, periodo in cui Wiligut entrò nelle Allgemeine SS e fino al 1934, passò dal grado di capitano delle SS fino a diventare colonnello (*Standartenführer SS*). Dal 1935, dopo essere stato promosso generale (*Brigadeführer SS*) ebbe libera possibilità di continuare i suoi particolari studi runici, collaborando a varie riviste, tra cui la rivista per le SS *Nordland*.

Wiligut collaborò inoltre in questo periodo con il famoso ufficiale SS Otto Rahn (1904-1939), ebbe a che fare con Karl Wolff (1900-1984), Capo Ufficio del RFSS (Stato Maggiore Personale di Himmler) e con l'allora collaboratore di Himmler all'*Ahnenerbe* Walther Darrè (1895-1953), che lo apprezzava molto, lo considerava un amico e cercò di aiutarlo per tentare di far entrare nell'*Ahnenerbe*, ma senza esito, un discepolo di Weisthor, studioso di preistoria: Günther Kirchhoff (1892-1975).

Wiligut era conosciuto solo ai più alti livelli nel mondo delle SS, come da Reinhard Heydrich (1904-1942), per esempio, ma mai fu una persona famosa a livello di immagine mediatica — come si direbbe oggi — del nazionalsocialismo o delle SS comuni, né volle diventarlo.

Wiligut ebbe un ruolo all'interno delle SS, per quanto riguarda la denominazione del vecchio Castello di Wewelsburg come uno dei Centri culturali e di insegnamento più importanti per le SS *(SS Schule aus Wewelsburg)*. Quando lavorò presso l'Ufficio Storia e Protostoria al Dipartimento Razze e Insediamenti (RUSHA) Wiligut ebbe uno scambio epistolare con Otto Rahn circa la possibile localizzazione del "Castello del Graal".

In effetti esistevano molteplici possibilità per tradurre nella realtà questo mito. In una lettera del 27 settembre 1935, per esempio, Rahn chiedeva a Weisthor dei consigli e una lettera di accompagnamento per potersi recare nell'Odenwald e visitare il "Castello del Graal" bavarese di Wildenberg presso Amorbach: in gioco vi erano elementi utili a Rahn per poter scrivere un libro successivo al suo primo fortunato saggio, *Crociata contro il Graal*. Non dobbiamo infine dimenticare che era stato proprio Otto Rahn, nel suo soggiorno in Francia, a fornire a Wiligut e a Himmler lo strumento medianico-matematico chiamato *l'Oracolo della Forza Astrale*, l'elemento divinatorio più caratterizzante della misteriosa Confraternita dei Polari (vedi il saggio *Asia Mysteriosa*, di Zam Bhotiva ed. Arkeios, Roma 2013).

Inoltre Wiligut si era dato da fare in questo periodo per fornire dei rituali alle SS (per esempio il "Battesimo SS") e per dare completezza al disegno dell'anello SS *Totenkopfring* (anello d'onore delle SS) che veniva consegnato personalmente da Himmler a chi veniva ritenuto degno di portarlo.[4]

Nel 1936, a 70 anni di età, Wiligut si trovava in una situazione favorevole e importante come mai si era trovato prima: l'influenza reale sul lavoro di Himmler si può comprendere ricordando anche che egli aiutò il *Reichsführer SS* nella stesura del discorso in onore

---

[4] Vedi l'esaustivo saggio di Antonio Scapini *The Totenkopf Ring of the SS*, pubblicato a Richmond (Usa) nel 2022 per la Editrice B & D.

del Re Enrico il Leone all'Abbazia di Quedlinburg il 2 luglio 1936. In questa particolare frase: «L'essere e il divenire devono trovarsi in costante circolazione nel popolo tedesco a partire dal passato, nel presente e nel futuro, e a partire dagli Antenati, nelle persone presenti oggi e nei nostri futuri discendenti», ritroviamo l'essenziale del pensiero filosofico del "Rasputin di Himmler".

Grazie al benvolere di Himmler, Wiligut poteva muoversi a suo piacimento, ed essendo un buon camminatore, si spostava spesso in lungo e in largo attraverso i luoghi della Germania che lui considerava più sacri. Himmler mantenne gelosamente tutte le relazioni di Wiligut sui suoi spostamenti ed indagini. Fu però grazie ai consigli di Kirchhoff che Weisthor prese in considerazione i percorsi sacri, le pietre megalitiche, i resti preistorici e medievali delle varie località tedesche ed austriache che si trovano in determinate posizioni non certo per un fatto casuale, ma per un disegno intelligente divino: Himmler veniva costantemente informato di tutte queste sue impressioni.

È di un certo interesse far notare che nel 1938 Wiligut svolse, su ordine di Himmler, un'accurata indagine sul lavoro e sugli scritti del filosofo italiano Julius Evola (1898-1974) pubblicati in tedesco, seguendo anche alcune sue conferenze in Germania (giugno 1938), per arrivare a dare un parere sostanzialmente negativo sul suo operato nell'estate dello stesso anno. Evola risultava troppo legato ad uno spirito romano imperiale, ed inoltre assumeva posizioni che non potevano essere considerate né nazionalsocialiste né fasciste. Questo è uno dei motivi per cui Evola non venne preso in considerazione dalla redazione della rivista dell'*Ahnenerbe, Germanien,* come un possibile valido collaboratore.

La storiografia su Wiligut ci informa però che la sua influenza filosofica all'interno della élite SS cominciò a scemare proprio a partire dal 1938 per due motivi: il primo si deve ricondurre a una progressiva perdita di lucidità da parte del "Re segreto", causata forse da cure mediche non appropriate. Il secondo motivo riguarderebbe la scoperta da parte di Karl Wolff, che aveva conosciuto la moglie di Wiligut, del fatto che Weisthor era stato ricoverato in passato nell'Ospedale psichiatrico di Salzburg. Himmler probabilmente ne era sempre stato al corrente, ma aveva tenuto nascosta la cosa.

Ora che lo Stato Maggiore delle SS ne era venuto a conoscenza per altre vie, Himmler fu costretto a far dimettere Wiligut dalle SS (estate 1939). Ma Himmler rimase sempre in contatto con il suo vecchio maestro. Infatti le SS non lo abbandonarono: negli anni seguenti Wiligut si spostò a Goslar e poi nel 1943 rimase in una pensione per i parenti delle SS presso il Lago di Wörther See in Austria. Dopo essere stato arrestato a fine guerra e rilasciato dagli Inglesi in breve tempo, Karl Maria Wiligut morirà il 3 gennaio 1946 ad Arolsen, nel Nord della Germania, assistito sempre da una infermiera delle SS, Elsa Baldruch, che da tempo lo seguiva. Gli ultimi spostamenti lo avevano affaticato troppo e aveva avuto un infarto: si dice che negli ultimi giorni di semi-incoscienza il vecchio mago recitasse sottovoce i suoi mantra dei *Motti di Halgarita*.

Emil Rüdiger (1885-1952)

Un paio d'anni dopo la pubblicazione di *Archeologi di Himmler* (Ritter, Milano 2004), grazie al consiglio di un devoto italiano di Karl Maria Wiligut (non vuole essere citato), chi vi scrive era entrato in contatto via internet con l'ingegnere termico Andre Uebele (1930-2018). All'interno dei concetti espressi dal nazionalsocialismo esoterico si voleva approfondire le varie spiegazioni del termine *Schwarze Sonne* (Sole Nero), che pare comprendessero vari significati e ben diversi l'uno dall'altro. Andre Uebele, di Ingelheim am Rhein, si era sempre interessato alla vita e al lavoro di Viktor Schauberger (1885-1958), di Karl Maria Wiligut e ovviamente del suo discepolo Emil Rüdiger. Come mi disse Uebele, concetti analoghi a quello di *Schwarze Sonne* erano stati tramandati da Wiligut al suo discepolo Emil Rüdiger intorno alla fine degli anni Venti, e qualcosa si poteva attingere leggendo una raccolta di scritti di Rüdiger denominati *La Forza dei due Soli* (*Die Kraft der zwei Sonnen*).

Emil Rüdiger era di Innsbruck e pare avesse conosciuto Wiligut durante la Prima guerra mondiale e, con Wiligut stesso e anche dopo di lui, aveva portato avanti i suoi concetti legati alla tradizione Irminista. Rüdiger pare che non facesse parte del Corpo delle SS.

Oltre a questi scritti sue due Soli, Rüdiger aveva composto nella sua vita anche altre opere (pare sino agli anni Trenta), che in parte derivavano dalla frequentazione col suo Maestro, eccole in completo:

1. *Il mito della collana Brisinga*
2. *I quattro elementi*
3. *I numeri cosmici della piramide di Cheope*
4. *I Detti di Halgarita*
5. *Le equazioni delle curve di Odhinn*
6. *La corte di Yggdrasil*

Il primo scritto comprendeva anche le tesi sulla *Forza dei due Soli* e le basi per i saggi successivi, e la sua traduzione verrà presentata tra poco. Vogliamo un attimo soffermarci qui, prima, sui Detti, o *Motti di Halgarita*.

I *Mantra di Halgarita* erano stati composti da Wiligut in una particolare e studiata lingua che comprendeva parole tratte dal tedesco antico, da quello moderno, dal norvegese, dal gotico e dal sanscrito. Nell'inverno 1928-1929 Rüdiger le aveva raggruppate e numerate sotto forma di manoscritto. In alcune opere su Wiligut ne abbiamo trovate diverse, qui ne riportiamo solo alcune, senza avere la pretesa di tradurle:[5]

24 – Origine dei Celti

Kalai keltai uröd mai

Kalai gotai ritur sun

Kalai noreländ ritai got

Kalai kymri wendai not

25 – Alchimia cosmica

Sal a Sal

Laf a laf

Wigun fyrmal

26 – Motto di Brenno

Brennus tre, Brennus notri

Brennus gothai, Brennus mortri

27 – Motto di Santur

Sunur sana santur tvo

Sintyr peri fuir sprueh

Wiligoti haga tharn

Halga fuir santur tvo

28 – Motto di Harz

Harai sunwendt

Haray sunhel

Salang sun

Harai Brokund

Baltarai wundt

Passiamo ora allo scritto di Emil Rüdiger, molto importante per comprendere il pensiero di Karl Maria Wiligut.

---

[5] Fonte: Stephen E. Flowers, *The secret King*, Dominion Press, Waterbury Center, 2001, p. 104.

IL MITO DELLA COLLANA BRISINGA

LA FORZA DEI DUE SOLI

Pensieri cosmotecnici sulla gestione e la direzione.
Cos'è la gestione?   **Cos'è la direzione?**

Nell'Era dei Pesci, questa domanda era raramente considerata, e se qualcuno lo faceva, era un esoterista, un ricercatore che se ne stava tutto solo o in una piccola cerchia di persone che la pensavano come lui, e il suo pensiero non diventava proprietà comune della chiesa esoterica, tanto meno della scienza.

La cortina che pendeva nel tempio tra il santo dei santi e il santuario, e che separava gli iniziati di alto grado dai servitori inferiori, è stata strappata il giorno del calvario — non c'è più alcun privilegio nello spirituale — e qualsiasi conoscenza edificante venga acquisita, da chiunque, appartiene al grande pubblico, o a chiunque possa farla propria. A condizione che si possa trovare una versione generale e comprensibile per essa.

In questo senso, c'è stata finora una grave mancanza ovunque si siano tramandate vecchie idee o vecchie conoscenze con l'aiuto di parole chiave che oggi sono poco o per nulla comprese. Si pensi a questo proposito all'*Edda*, in cui intere sezioni sembrano spesso essere composte unicamente da parole d'ordine.

Anche "gestione" e "direzione" sono parole chiave, fortunatamente di quelle la cui delucidazione non causa eccessive difficoltà, dato che sono ancora abbastanza vicine all'uso linguistico odierno.

Così riconosciamo in "gestione" non solo in senso letterale, ma anche come derivazione concettuale, una "amministrazione" in ogni comunità terrena. Intendiamo questa come un circolo di amministratori nominati con il compito di occuparsi di tutte le vicissitudini dell'esistenza umana in modo tale che sia la comunità affidata alle loro cure che ogni singolo cittadino di essa possa esistere e svilupparsi il più favorevolmente possibile.

La "gestione" ha lo stesso compito, solo con lo scopo superiore della responsabilità per la comunità dell'intera umanità terrena.

Se seguiamo i messaggi del "mito della collana Brisinga" Nordico, vediamo che anche la gestione è soggetta a sviluppo. Migliaia di anni fa, quando l'umanità era ancora abbastanza sottosviluppata e i Vani erano responsabili dell'elevazione fisica, gli Asi dell'elevazione spirituale, c'erano quattro punti di afflusso sulla Terra, quattro Asgard di questi poteri cosmici in attività. Tra questi, l'Asgard orientale — situato in quello che oggi è il deserto del Gobi — era di primaria importanza, poiché ad esso era affidato lo sviluppo e la cura delle razze. Qui, nell'Asgard orientale, il primo inizio della gestione si sviluppò, come sappiamo, una gestione che all'inizio consisteva solo di 4 parti, che stavano in certi rapporti con i 4 elementi. Da queste relazioni possiamo ricavare un'idea dei compiti amministrativi di quell'epoca attaccando agli elementi le parole chiave amministrative conservate.

Corrispondevano a:

Est (*Alfrig* elemento Acqua) — La gestione della salvezza.

Nord (*Dvalin* elemento Aria) — La gestione della giustizia.

Sud (*Berlingr* elemento Terra) — La gestione della saggezza.

Ovest (*Grer* elemento Fuoco) — La gestione del potere.

Per comprendere il significato di questi quattro compiti di gestione, basta ricordare la condizione non sviluppata dell'umanità al momento del loro insediamento, che è descritta nell'*Edda* come la più antica condizione di Eden: in luoghi costieri adatti, ossia sulle rive del mare o dei laghi, in mezzo a piante e vita animale lussureggianti, le tribù di allevatori asessuali proto-ominidi vivevano pigramente, animalisticamente, istintivamente e con poco pensiero. La loro unica preoccupazione era il cibo, e anche questo li occupava solo in modo insignificante, dato che la natura provvedeva abbondantemente a loro. La riproduzione era regolata cosmicamente, il concepimento e la nascita non creavano motivi di pensiero.

In questo stato più antico del giardino, è intervenuta la gestione, e questo, se lo riconosciamo bene, a tappe, ovvero, per il momento, la sola gestione della salvezza. Sappiamo dal mito che esseri eterei, i nani della gestione, cominciarono a prendere parte al concepimento, e possiamo ben capire che tale partecipazione al processo di concepimento non poteva sfuggire agli attenti sensi interiori dei proto-ominidi, che doveva riempirli fisicamente con un piacere inebriante e spiritualmente con l'oscuro sentimento della soggezione, della santificazione del concepimento. La prima eccitazione mentale primordiale si impadronì così della pre-umanità, e le ore del concepimento divennero così le prime ore della devozione umana e della realizzazione della santità della vita.

La parola d'ordine "gestione della salvezza" fa pensare alla santificazione del processo di concepimento e alla santificazione di tutta la vita che ne deriva. Per quanti secoli la gestione della salvezza avrebbe potuto operare sui proto-ominidi, il risveglio delle anime e il miglioramento dei corpi, finché questi fossero promossi a tal punto che la gestione della legge e della saggezza potesse essere impiegata? Possiamo immaginare che non tutti i proto-ominidi abbiano mostrato sviluppi ugualmente favorevoli sotto l'influenza della gestione della salvezza, e che alcuni abbiano progredito un po' più rapidamente. Questi sono stati poi selezionati a progrediti della pre-umanità, nel senso che da un certo punto in poi, invece dei nani della gestione della salvezza, quelli della gestione della giustizia e della saggezza hanno partecipato alla loro concezione. In questo modo, le intuizioni sui concetti giuridici fondamentali e le necessità civili si sono lentamente affacciate nella pre-umanità, poiché erano necessarie per la coesistenza delle comunità dei giardini, che stavano diventando sempre più numerose.

La tradizione ha conservato la memoria di questo sviluppo in 2 termini, ossia ha chiamato i generi utilizzati per la formazione del diritto "*Femanen*" dalla designazione più vicina "antenati *Fehme*", creatori della legge 5 volte, e i generi utilizzati per l'educazione civile del genere umano quali "*Samanen*".

Questa è la stessa parola che Tacito scrive nella sua *Germania* come Semnoni, e sulla quale dà informazioni così altamente significative, informazioni che diventano comprensibili solo attraverso le nostre comunicazioni. La parola "*saman*", che è ancora usata in Islandese come epiteto ("insieme"), conserva la memoria delle attività di costruzione della comunità della dinastia Saman. Alcuni secoli fa, gli araldi delle scuderie medievali premiarono i discendenti delle dinastie Femanen e Samanen con gli stemmi Femanen e Samanen. Con questi stemmi, essi posero anche monumenti viventi alla "gestione del diritto" e alla "gestione della saggezza", che ricordavano costantemente ad ogni iniziato che un tempo, in un lontano passato, questi esseri dovettero creare i propri organi per la formazione del diritto e della civiltà nelle forme pre-umane.

Dopo che la gestione del diritto e della saggezza aveva allevato Femanen e Samanen in secoli di attività, e dopo che alcuni di questi particolarmente capaci di svilupparsi erano apparsi, la gestione del dominio entrò finalmente in scena, in quanto da allora in poi il nano di fuoco Grer prese parte ai processi di concepimento del più avanzato degli avanzati, e allevò così i generi guida dell'umanità con i propri organi per l'esecuzione e l'esercizio del dominio. Poiché oggi il senso di esercitare il dominio è spesso valutato erroneamente e usato in modo sbagliato, bisogna ricordare che secondo la tradizione mitica, al tempo in cui Grer intraprese la sua attività di selezione, il seme di Loki non era ancora stato concepito nella pre-umanità, per cui a quel tempo i disturbi e le confusioni lokianiche erano ancora sconosciuti.

Di conseguenza, l'esercizio del potere in quel periodo rimase libero da inganni, frodi, astuzie, uso di violenza e danni di ogni tipo, ma soprattutto da ogni spargimento di sangue. Il sovrano si sentiva uno strumento della divinità e un destinatario e proclamatore particolarmente dotato della volontà divina di svilupparsi, che comunicava ciò che gli veniva fatto conoscere in modo unitario a Femanen e Samanen come legge e comandamento alla grande massa dei governati. I regnanti, i Femanen e i Samanen erano quindi i mediatori designati di tutta l'elevazione spirituale dell'umanità, come il cui araldo incaricato vediamo Odhinn, il rappresentante del nobile principio sacrificale disinteressato, condotto nella mistica della collana Brisinga.

Al momento del massimo sviluppo della pre-umanità unisessuale, riconosciamo così la piena "gestione" attiva in 4 parti. Njörd e Freyja, il principio vanico-corporeo di elevazione, lavoravano insieme ad esso nelle forme pre-umane unisessuali nelle ore del concepimento. Inoltre, Odhinn, il principio spirituale asico di elevazione, era attivo nel proclamare la volontà divina di sviluppo ai governanti, ai Femanen e ai Samanen. (Divino come riferito al *Gôt*).

In questo modo è stata creata la più antica "gestione" sulla Terra.

*****

Amorevole, benedetto e integro! Questa "gestione" più antica ha funzionato, ma lentamente, incredibilmente lentamente.

Sono passati tempi enormi da un grande passo di sviluppo al successivo. In cambio, però, tutto ciò che questa più antica "gestione" ha piantato nell'umanità sotto forma di semi buoni, di valore senza tempo, gli ha aderito in modo ineluttabile. Deve essere inieliminabile, perché tutto il lavoro della "gestione" sotto forma di organi è costruito nell'organismo umano in modo inamovibile e inconfondibile. Se l'intero tesoro dei miti registrati fosse andato perduto e l'ultimo residuo della tradizione orale e scaldica non fosse più sopravvissuto, la biologia e la psicologia, con i loro lavori scientifici, dovrebbero essere in grado di ricreare il mito ininterrotto dello sviluppo eterno dell'umanità dallo studio degli organi umani. E anche se stiamo solo tentando nel modo più inadeguato, infantilmente semplicistico, di derivare un'intera storia dello sviluppo umano nelle sue caratteristiche più importanti da un vecchio mito difficile da capire, stiamo comunque correndo questo rischio nella solida convinzione che un'esatta indagine scientifica nello spirito della nascente Età dell'Acquario completerà in molti aspetti la nostra semplicità infantile, e in uno o due particolari la correggerà persino, ma nel complesso la confermerà.

Lentamente, incredibilmente lentamente, la più antica "gestione" ha costruito quegli strumenti del corpo umano che lo distinguono dal corpo animale, e ancora le forme proto-ominidi erano unisessuali. Ma vivevano e si sviluppavano nella più dorata armonia con l'universo.

Se il piano di sviluppo umano voleva accelerare il ritmo del progresso, doveva distruggere questa unità armoniosa, doveva scindere la forma umana unisessuale e creare due sessi, e, inoltre, creare specializzazioni, ovverosia percorsi speciali di sviluppo nelle direzioni più diverse.

Queste intenzioni di progresso e di accelerazione del piano di sviluppo umano, i loro modi e mezzi, erano esattamente opposti alle intenzioni di sviluppo e ai modi e mezzi della "gestione", dovevano quindi essere trasferiti a un potere di esistenza proprio, un potere di esistenza con l'immenso, difficilmente immaginabile compito di scuotere tutta l'armonia, tutto l'ordine cosmico dell'umanità sulla Terra, per caricare l'intera umanità e il destino individuale con ogni forma e forza concepibile di confusione e sofferenza, per costringere l'umanità a crescere spiritualmente attraverso tali difficoltà per ricondurla un giorno all'armonia e all'ordine cosmico, dopo aver raggiunto una meta di sviluppo quasi inconcepibilmente alta e audace.

Sappiamo già che questa potenza intrinsecamente polare dell'esistenza si chiama gestione del mondo e che i suoi due poli sono introdotti nel mito come Utgarda-Loki e Krist. Abbiamo anche sottolineato nella discussione del mito della collana Brisinga che Utgarda-Loki ha degli aiutanti tra gli Asi-Loki, questo epitome di ogni egoismo, mendacia, pettegolezzo, arte della distorsione, astuzia, inganno, stupro spirituale, e Krist tra gli Asi-Odhinn, l'archetipo di ogni altruismo, purezza, disponibilità al sacrificio e gioia del lavoro.

Abbiamo infine sottolineato che, in vista della necessaria difesa della corporeità umana contro i pericoli inequivocabili della spiritualità troppo cresciuta, l'altruista Odhinn deve essere messo nelle retrovie e l'astuto e adattabile Loki davanti, e che Loki è quindi indispensabile alla breccia per l'ingresso della spiritualità. Tuttavia, abbiamo finora omesso di sottolineare che nella mistica della collana Brisinga Loki e Odhinn sono semplicemente elencati come due rappresentanti polari degli aiutanti asici della direzione del mondo e che gli antichi hanno anche ipotizzato per loro un ordine spirituale a più parti, completamente lecito, e un campo di forza fisica cosmica speciale.

Gli antichi riconoscevano l'ambiente della Luna che accompagna la Terra come il campo di forza fisica degli Asi. Secondo la tradizione sopravvissuta, finché la più antica gestione ha lavorato sull'umanità della Terra, essa possedeva una sola luna, la luna Febo, che da allora è collassata sulla Terra. Questa luna era più vicina alla Terra della Luna di oggi e serviva da dimora per un'asta degli Asi che, nonostante la natura plurima del suo compito, lavorava in perfetta armonia con la gestione più antica. Nel mito questo è espresso dal fatto che per quella volta la parola d'ordine Odhinn è usata per l'intera asta degli Asi. Gli Asi di quel tempo erano quindi completamente subordinati ai Vani, e la nostra mistica del collare Brisinga registra questo stato di cose riportando che i Vani usavano Odhinn come dio sacrificale.

Questa relazione armoniosa tra gli Asi e i Vani cambiò fondamentalmente con l'istituzione della direzione del mondo per accelerare lo sviluppo dell'umanità.

Abbiamo già fatto riferimento alla scissione dei sessi umani attraverso l'attività della direzione del mondo e dobbiamo ora aggiungere che un così drastico sviluppo biologico della pre-umanità presuppone tutta una serie di preparazioni cosmiche di cui vogliamo ora riferire in sintesi. Una tale sinossi può essere compresa solo a partire dall'opposizione di gestione e direzione; perciò esige imperativamente che si metta al primo posto l'unità incondizionata e ininterrotta del piano sovraordinato di elevazione dell'umanità, che queste due potenze dell'esistenza devono servire in fraterna comunione. Se è dovere giuridico della direzione del mondo ostacolare e disturbare ripetutamente il compito della gestione, che è diretto alla conservazione dell'armonia e dell'ordine cosmico, attraverso immensi periodi di tempo, allora l'unità del lavoro comune di gestione e direzione non potrà mai essere toccata da questo. E questa unità deve ricevere la sua espressione universalmente formativa nel progresso dello sviluppo umano. Ogni intervento di direzione, indipendentemente dal fatto che ostacoli o promuova temporaneamente, non solo deve corrispondere "secondo direzione" alla meta finita, ma deve anche essere ancorato per gestione nella struttura degli organi del corpo umano.

A prescindere da ogni opposizione tra gestione e direzione, ogni progresso nello sviluppo dell'umanità deve quindi apparire in due modi, psicologicamente dal lato della direzione e biologicamente dal lato della gestione, entrambi in costante unità sovra-ordinata, entrambi dimostrabili dalla scienza come appartenenti insieme. Siccome la direzione, al momento della sua installazione, si è servita dell'asta degli Asi come suo rompitore (Loki) e araldo (Odhinn), e la gestione a quel tempo era già divisa in quattro parti, dobbiamo concludere dalla legge delle perfette corrispondenze reciproche di gestione e direzione che l'asta degli Asi era divisa in quattro parti a quel tempo, e questa asta degli Asi, divisa in 4, secondo il compito della direzione, doveva spaziare l'anima della pre-umanità di quel tempo dalla distruzione di ogni armonia e di ogni ordine cosmico alla proclamazione del necessario recupero dello stesso, quindi da Loki, l'agente di Utgarda-Loki, a Odhinn, l'agente di Krist.

Il grande mezzo di sostegno che la direzione del mondo portò alla pre-umanità al momento della sua installazione e attraverso il quale accelerò il suo progresso fu dunque la tensione spirituale. E poiché l'asta degli Asi di allora doveva essere in 4 parti, guardando indietro si possono riconoscere le 4 tensioni spirituali che l'introduzione della gestione ha portato all'umanità. Queste 4 tensioni psichiche devono essere così fondamentali in termini di psicologia che sembrano ancora convincenti per oggi. Vogliamo descriverli qui con la parola d'ordine eddica.

Loki - Thor - Baldr - Odhinn

La tensione dell'anima lokianica si estende:

1) Lacera tutti i legami cosmici dell'anima, distruggendo così l'armonia dell'esistenza dell'anima e distruggendo così l'armonia dell'esistenza.

Autolesionista, parsimonioso del proprio Io, incita alla denigrazione implacabile di ogni altra manifestazione dell'esistenza. Conferisce incostanza e capacità di ogni tipo di bassezza. A dispetto di ogni sopravvalutazione dell'Io, o meglio, proprio attraverso il suo effetto di compressione, questa tensione mentale conduce in modo auto-ingannevole, con sprezzo contro il proprio Io, induce alla denigrazione implacabile di ogni altra apparenza dell'esistenza, presta incostanza e attitudine ad ogni tipo di bassezza, e proprio attraverso il suo effetto di compressione, questa tensione mentale conduce infine all'odio di sé.

2) La resilienza mentale thorianica sottovaluta l'Io.

Riconosce tutti i legami cosmici dell'anima, ma disturba l'armonia dell'esistenza non forzando l'auto-affermazione attraverso l'elevazione della propria natura. Dà l'affermazione appropriata all'umore di tutto ciò che eleva, la negazione appropriata all'umore di tutto ciò che degrada. Stimola quindi la lotta contro la bassezza lokianica, di cui fa trascurare la necessità più profonda. Porta alla severità contro ogni gestione lokianica del proprio Io, ma fa dimenticare che ogni progresso dell'esistenza totale può essere raggiunto solo attraverso la crescita del proprio Io in direzione della grande meta dell'umanità, quindi spera ogni progresso dall'intervento di "potenze superiori", ma è sempre pronto ad annichilire tutto ciò che è lokianico nella lotta per questo e quindi rende l'uomo uno stupido. Nonostante tutta la sottovalutazione dell'Io, o meglio, proprio per il suo effetto di alleggerimento, questa tensione mentale porta alla fine all'amore dell'Io.

3) La tensione mentale baldurianica sopravvaluta l'Io da un lato e lo sottovaluta dall'altro. Riconosce certi legami cosmici e ne strappa altri, disturba l'armonia dell'esistenza attraverso l'unilateralità della tensione mentale. Dà un'affermazione razionale a tutto ciò che eleva, una negazione razionale a tutto ciò che degrada. Ma poiché riconosce le connessioni più profonde delle necessità lokianiche e preferisce praticare la misericordia, non lotta contro queste

esternamente, non ama affatto combattere contro gli esterni, ma si rivolge principalmente contro le imperfezioni della propria natura. Ma dove spinge a lottare contro l'ambiente, perde di vista l'insieme e si blocca nell'unilateralità (riformare gli uomini). Attraverso questa unilateralità, così come attraverso le costanti discrepanze tra la sopravvalutazione e la sottovalutazione dell'Io, questa tensione mentale produce effetti di valori molto dubbi. Gli antichi lo riportano nel mito eddico nella seguente versione: «La cosa particolare di Baldur è che nessuna delle sue sentenze rimane in vigore». Dal nostro punto di vista riassuntivo dobbiamo aggiungere che la causa della caduta di tutti i giudizi baldurianici è condizionata nella peculiarità dell'atteggiamento verso le altre 3 forze di tensione psichica. Il baldurianico deplora pietosamente tutti il lokianico, quindi disprezza tutto il thorianico, poiché indulge all'odio contro il lokianico senza produrre alcuna crescita propria, e con la sua unilateralità distrugge tutto l'odhinnico, di cui non comprende la natura armoniosamente circolare. Attraverso quest'ultimo atteggiamento, il baldurianico diventa quasi altrettanto fatale all'esistenza quanto il lokianico. Nonostante tutta la lotta contro l'imperfezione della propria natura, o piuttosto, proprio a causa di essa, porta all'amore della specie.

4) La tensione mentale odhinnica valuta correttamente l'Io, è libera da sovrastima e sottovalutazione, afferma l'armonia dell'esistenza, è quindi libera da unilateralità, dà una visione d'insieme, riconosce le necessità delle altre 3 forze di tensione mentale, le dispone saggiamente nell'esistenza ed educa al sacrificio completo dell'Io per il piano di elevazione dell'umanità e al lavoro instancabile sul proprio Io come sul tutto. Indica il superiore significato unitario dell'esistenza di tutti i tipi di esseri del nostro cosmo, il necessario atteggiamento di cooperazione cosciente e propositiva dell'Io umano con tutti gli esseri del cosmo. Perciò, innalza lo

sguardo dell'Io al di là di tutte le particolarità dell'esistenza verso l'uno nel tutto, unico *Gôt* e conduce all'amore del tutto.

Ora che abbiamo cercato di chiarire la concezione Nordica degli Asi, crediamo di poter procedere alla sinossi dei preparativi cosmici della direzione del mondo per la separazione dei due sessi. A questo scopo, ripetiamo ciò che ci viene riferito nella mistica della collana Brisinga.

Ricordiamo che prima dell'istituzione della gestione più antica, i Vani (Njörd, Freyr e Frey-ja) sono menzionati come gli sviluppatori terrestri delle forme corporee proto-ominidi e Odhinn come il loro sviluppatore spirituale. Prendiamo Odhinn come parola d'ordine per l'asta degli Asi di quel periodo molto probabilmente immensa, supponiamo che questa asta degli Asi sia residente sulla luna terrestre di allora e concludiamo dalla parola d'ordine Odhinn la loro cooperazione perfettamente armoniosa con i Vani, nell'elevazione della pre-umanità.

Durante il tempo del progressivo stabilirsi della più antica gestione, che, se comprendiamo bene la tradizione, è stata stimata dagli antichi a 1 milione e mezzo di anni, nulla è cambiato nell'armoniosa cooperazione di Asi e Vani sulla Terra. Anche se i diversi compiti della gestione della salvezza, della legge, della saggezza e della legge richiedevano una corrispondente suddivisione dell'asta degli Asi, per così dire come maestri specializzati per le singole materie, la contemplazione di ogni singolo Ase rimaneva odhinnica.

La graduale istituzione della quadripartizione della gestione più antica, così come la quadripartizione dell'asta degli Asi presupponeva, tra l'altro, sviluppi cosmotecnici certi nel nostro sistema solare, come la creazione di nuovi pianeti, poiché la costruzione degli organi nel corpo umano corrispondenti ai quattro distretti di gestione richiedeva raggi astrali speciali, sia a livello biologico che psicologico. Come è noto, questo presupposto è ancora oggi sostenuto dall'astrologia e, a nostra conoscenza, è anche trattato nel formulario eddico. Questa ipotesi darebbe alla nostra Terra un'età significativamente più alta della maggior parte degli altri pianeti del nostro sistema solare, il che è abbastanza possibile visto il suo stato avanzato di evoluzione. Informazioni affidabili sulla connessione tra lo sviluppo del nostro sistema solare e lo sviluppo biologico e psicologico dell'umanità saranno probabilmente chiarite dalla scienza in un futuro non troppo lontano.

Se ora esaminiamo il mito della collana Brisinga in dettaglio per quanto riguarda i cambiamenti che annunciano l'inizio della guida del mondo, troviamo registrato quanto segue:

1) un disturbo della relazione armoniosa tra Freya e Odhinn riguardo alla riserva del nobile, che trova la sua espressione nel rifiuto di Freya di ammettere Odhinn in esso;

2) l'opposizione di Loki a Odhinn nell'asta degli Asi;

3) una creazione di 8 ulteriori organi di gestione in aggiunta ai 4 originali esistenti, in una tale segretezza che Freyja fu praticamente sorpresa da questa nuova creazione;

4) il rifiuto dei 4 organi di gestione originali di concedere a Freya la sovranità sugli 8 nuovi organi di gestione, così che Freya dovette prima sacrificare oro (*Guold*), argento (*Zilver*) e altri oggetti di valore e imporre la notte ai 4 organi di gestione più antichi prima di poter ordinare i nuovi organi di gestione in 12 parti insieme.

In questi quattro punti abbiamo solo registrato ciò che il racconto mitico dello sviluppo della collana di Brisinga rivela dalla sua formulazione, ma anche questo elenco, per così dire, di parole chiave è già così ricco di contenuto che possiamo concludere da esso che ci sono stati molti lati, profondi cambiamenti e sviluppi, che nella loro totalità hanno dovuto riempire un enorme periodo di tempo. Siamo ben consapevoli della cautela con cui le antiche tradizioni devono essere prese riguardo alle date, ma tuttavia, al fine di dare almeno un quadro delle idee antiche che sono state conservate, vorremmo informarvi che gli antichi presumevano che l'intero periodo dei suddetti sviluppi fosse di 144.000 anni, iniziandolo a circa il 228.000 a.C. e finendolo a circa l'84.000 a.C., a quest'ultima epoca collocarono il furto della collana Brisinga da parte di Loki.

Entrando nella discussione del primo punto della nostra compilazione, passiamo prima di tutto alla considerazione della riserva della nobile Freya. Questa riserva, come già sappiamo, rappresentava la libera linea di sviluppo propria della pre-Umanità. Questa nobile razza, che è menzionata nel mito solo dopo l'esibizione dei 4 nani e la loro attività sugli *Stainmenschen*[6] e che fu ritirata da Freyja dall'influenza co-produttrice di Odhinn, fu evidentemente un'innovazione eccezionalmente sorprendente nell'esistenza terrena, poiché la storia del suo sviluppo occupa uno spazio così ampio nel mito. Anche per questo motivo associamo questa innovazione all'instaurazione della direzione del mondo, ma a questo proposito segnaliamo che, secondo la vecchia versione che è stata tramandata, i cambiamenti fondamentali nell'esistenza terrena sembrano inconcepibili senza accompagnare cambiamenti fondamentali nel cosmo. Tuttavia, tali cambiamenti fondamentali nel cosmo devono essere espressi sia macrocosmicamente nei corpi celesti del sistema solare che microcosmicamente negli esseri individuali delle stelle planetarie. Se ora un mito riporta il fatto straordinariamente significativo dell'impianto di una nuova radice pre-umana accanto a quella già esistente sulla Terra, allora questo fatto microcosmico esige l'assunzione di un cambiamento altrettanto straordinariamente significativo nel sistema solare, e questo cambiamento, data la

---

[6] Uomini Macchia o Uomini Ombra, di fatto esseri aventi il corpo rarefatto e forse impalpabile.

sua portata, non può più avvenire nella zona esterna del sistema planetario, e questo cambiamento, vista la sua grandezza, non può più essere cercato nella regione esterna delle stelle planetarie, che sono semplicemente collegate con i singoli organi del corpo umano, ma, poiché si tratta dell'impianto di una forma di vita umana completamente nuova, deve essere collegato con un cambiamento fondamentale nel significato del sole stesso.

È molto difficile per noi oggi aprirci a un cambiamento così fondamentale nel significato del sole. Conosciamo la nostra stella quotidiana, come insegna il sistema astronomico copernicano, come il centro del nostro ordine solare; nello spirito della teoria di Kant-Laplace, pensiamo a questo corpo centrale, anch'esso massicciamente più importante, come l'origine di alcune stelle planetarie e quindi vediamo nel sole il componente originario più antico del nostro sistema solare e di conseguenza non possiamo immaginare un cambiamento nel significato del sole.

Questo era ancora diverso un tempo relativamente breve, solo pochi secoli fa, ogni scaldo Nordico del Medioevo apprendeva ancora l'esistenza e la legittima interazione di tre cicli (tempi) solari.

1. Il sole visibile o attivo (*Sol*).

2. Il sole invisibile o passivo opposto (*Sun*) (Questo si riferisce al sole attivo ora presente).

Il primo, ora raffreddato sole ("Santur-Santär") o come in Omero ("Iperione") era, secondo la concezione di quel tempo, insieme alla Terra una unità di ordine originale, più originale del nostro attuale sistema planetario.

Se questa concezione del sole possa resistere alle indagini della nostra scienza attuale, il futuro lo dimostrerà, ma in ogni caso include il pensiero molto vasto, chiaramente espresso e quindi degno di essere perseguito, dell'eterno passaggio e nuovo sorgere del sole, e attraverso questo pensiero apre allo sviluppo del nostro mito della collana Brisinga la visione della possibilità di un cambiamento fondamentale nel significato del sole e con esso l'impianto di una forma di vita umana completamente nuova sulla Terra.

Se guardiamo l'antica idea del sole insieme al mito della collana Brisinga, otteniamo approssimativamente il seguente quadro:

Prima del nostro sole attuale, altri soli erano già il centro del nostro ordine solare, presumibilmente 3, così che il nostro sole attuale rappresenta già il 4° di una serie di sviluppo. Se torniamo al tempo dei 3 soli di questa serie, gli antichi pensavano alla seguente semplice disposizione:

Il corpo centrale del sole, espulso da esso e orbitante la nostra Terra, infine nel prolungamento dell'asse 'sole-terra' il sole opposto. Per chiarire completamente il significato del contro-sole, bisognerebbe in realtà riportare le idee antiche straordinariamente profonde dell'*Aithar* (etere del mondo) e della propagazione dei raggi in esso, che possiamo giudicare corrispondere alle scoperte della fisica più recente e addirittura completarle. Tuttavia, poiché questa relazione sarebbe troppo estesa, ci accontenteremo qui di fare riferimento al fatto che, secondo l'antica concezione, ogni onda elettromagnetica solare che si verifica nel cosmo presuppone due corpi celesti, uno attivo, che espelle le particelle Aithar con la sua energia motrice, e uno passivo, che determina il numero di oscillazioni e la lunghezza d'onda dell'onda elettromagnetica attraverso le sue energie formative che agiscono in direzione opposta. Il quadro generale della vecchia teoria di Aithar è, naturalmente, molto più perfetto, ma anche più complicato. Qui l'abbiamo deliberatamente ridotto a una forma semplice, poiché ci interessa solo derivarne due idee fondamentali:

1. la necessità di assumere un contro-sole passivo al sole attivo, e

2. la continua espulsione di innumerevoli particelle Aithar dal

sole attivo, che devono quindi esaurirsi nel corso di immensi periodi di tempo.

Cosa succede alle particelle Aithar espulse dal sole attivo? Gli antichi supponevano che queste si accumulassero, per così dire neutralizzate, intorno al sole opposto, per creare un giorno un nuovo sole, quando il vecchio sole attivo si fosse polverizzato, invertito ad attivo. Questa idea è conservata per noi nel mito dell'uccello fenice, che risorge dalle sue ceneri dopo la combustione. Questa concezione potrebbe anche corrispondere a un fenomeno nell'universo delle stelle, che notiamo non troppo raramente, il fenomeno della stella doppia, poiché la versione più antica conservata del mito parla espressamente del nuovo Sun attivo che emerge dal precedente sole passivo come opposto al sole attivo in raffreddamento come un Santur. Poiché nel momento in cui il vecchio Sun passivo passa al nuovo Sole attivo, il vecchio senso di rotazione intorno al Santur esiste ancora, inizia una lotta tra il Santur e il nuovo Sole attivo a causa dell'inerzia delle masse, la quale lotta porta inevitabilmente alla comparsa delle stelle doppie che girano vorticosamente l'una intorno all'altra.

L'approfondimento di questo problema spetta alla scienza astronomica; noi dal punto di vista del nostro mito dobbiamo accontentarci di riferire che secondo l'antica concezione una tale trasformazione di un ordine solare era e deve essere considerata come il punto di partenza di una nuova vita cosmica.

Quando il nostro sistema solare avrebbe subito il suo ultimo rinnovamento solare circa 1 milione e mezzo di anni fa, consisteva, secondo il mito, del Santur e del nuovo sole come stelle doppie splendenti, e tra questi corpi stellari c'era la nostra Terra già raffreddata con una luna, il Peri. A quel tempo, secondo il vecchio mito, le prime forme di pre-umanità furono create sulla Terra ai due poli più freddi dell'asse terrestre e gli Asi sulla Luna furono usati per la loro elevazione fisica. Secondo la vecchia ipotesi, la lotta tra Santur e il nuovo Sole per la supremazia nel sistema solare durò circa 1 milione e un quarto di anni, e durante questo periodo furono costruiti i pianeti e, in corrispondenza di essi, si stabilì gradualmente sulla Terra la gestione quadripartita. Questo ha sviluppato organicamente e psicologicamente i Peri negli *Stainmenschen*, come è già stato spiegato.

Per 1 milione e un quarto di anni la lotta tra le masse del Santur e del nuovo Sole durò per la posizione centrale nel nuovo sistema solare, ma non era solo una lotta di masse meccaniche, ma anche una lotta di corpi radianti, ovverosia di masse energetiche, che avevano sperimentato un'inversione opposta di polarità — il nuovo Sole era stato convertito da neutro a radiante attivo-motorio, il Santur da radiante attivo e passivo-formativo. Per quanto ne sappiamo, mancano le conoscenze scientifiche sulla possibilità e le conseguenze di una tale inversione della polarità dei corpi raggianti e della massa energetica, per cui, con nostro rammarico, dipendiamo solo dalla riproduzione della vecchia tradizione. Queste tradizioni riportano che come risultato di tali inversioni di polarità, i due corpi radianti non possono continuare a ruotare in uno stesso piano di rotazione, ma devono ruotare in due piani di rotazione perpendicolari tra loro, proprio come i circuiti elettrici e magnetici oscillanti sono disposti perpendicolarmente tra loro nei processi elettromagnetici.

C'è qualcos'altro che dobbiamo tenere a mente per capire la lotta tra il Santur e il nuovo Sole e il risultato finale della lotta.

Il fatto che l'attuazione del nuovo Sole ha portato con sé anche l'emergere di un nuovo contro-sole e che questo nuovo corpo celeste in posizione, il nostro ordine solare, come sappiamo, è passivamente polarizzato in modo formativo, proprio come lo è oggi il Santur e con questa uguaglianza di polarità è sorta una necessità interna dell'ordinamento insieme del Santur con il nuovo contro-sole, in modo che il risultato finito della lotta, Saturno, il nuovo sole è stato portato da un totale di 3 determinate leggi di natura:

1. dalla legge di gravitazione per le masse meccaniche,

2. per la legge dei piani di rotazione reciprocamente perpendicolari di masse di energia polarizzate in modo opposto,

3. dalla legge della necessità interna dell'unificazione di Saturno con il sole opposto della stessa polarità.

La prima di queste tre leggi fece sì che il nuovo Sole, enormemente superiore in massa meccanica, diventasse sempre più il centro del nuovo ordine e che la Terra insieme al nuovo contro-sole cominciasse a girare intorno a questo centro fino a raggiungere finalmente quel piano di oscillazione nell'universo delle stelle e approssimativamente quell'orbita di oscillazione che ancora oggi le è propria. È importante sottolineare che ricevette così quel cerchio di Tyr in 12 parti che l'odierna scienza astronomica usa come base della sua misurazione dello spazio stellare e che questo cerchio di Tyr in 12 parti ricevette altresì una gestione in 12 parti come sua controparte, alla quale si riferisce il mito della collana Brisinga. Questo sarà discusso più avanti.

Naturalmente, la legge di gravitazione ha causato anche il movimento del Santur più debole intorno al nuovo sole massiccio, ma questo movimento del Santur non può avvenire in un'ellisse intorno al sole simile all'orbita planetaria, perché la seconda legge assegna due orbite di rotazione a due masse energetiche oppostamente polarizzate, le quali sono perpendicolari tra loro.

Sarebbe quindi difficile trovare l'orbita di Santur se la terza legge orientata non ci permettesse di cercare la sua posizione nel nuovo contro-sole.

Così punta anche il Santur nelle immediate vicinanze della Terra, situato tra la Terra e l'orbita della Luna. Secondo i dati antichi, il contro-sole stesso sarebbe calcolato come l'apice del cono di raggi che si origina dal sole sopra gli involucri sottili della Terra, ad una distanza di circa 32 distanze lunari, e intorno a questo contro-sole invisibile il Santur girerebbe in un'orbita perpendicolare all'orbita terrestre, ossia come risultato del moto circolare del contro-sole intorno al sole in un'orbita a spirale ad anello. Tuttavia, non sono affatto semplici considerazioni teoriche che ci portano a supporre che il Santur orbiti in questo modo, ma piuttosto chiari rapporti di tempi relativamente recenti che confermano questa orbita del Santur.

Solo pochi millenni fa il Santur era eclissato, e anche ai tempi di Omero sorgeva ogni giorno a nord e tramontava a sud nel pomeriggio. In considerazione di questo sorgere settentrionale, che avveniva ad angolo retto rispetto al sorgere del sole, della Luna e delle stelle ad est, Omero chiamò il Santur Iperione, l'alto-passante, ovvero che non gira nell'eclittica, e nell'*Odissea* (1, 22-25) lo chiamò espressamente il padre di Helios. Oscuramente incandescente, Santur si muoveva ogni mattina, sempre scosso dalle nostre esplosioni che gli davano l'aspetto di un polmone che respira e rendevano il suo corso instabile, motivo per cui Omero lo paragonò ad Efesto, lo zoppo. Da allora, Santur è stato completamente oscurato, ma ancora visibile per un breve periodo durante le occasionali eruzioni vulcaniche.

Secondo la tradizione, questa battaglia tra Santur e il nuovo Sole terminò finalmente intorno al 228.000 a.C., la posizione centrale immutabile del Sole di oggi fu fissata, il corso della Terra e di alcuni pianeti intorno al Sole, così come l'orbita di Santur intorno al sole opposto, fu regolata. In questa disposizione, che da allora si è manifestata solo nei dettagli subordinati della formazione di nuovi pianeti, dei cambiamenti delle posizioni planetarie, della cattura di nuove lune e di effetti simili, il nuovo Sole formava solo meccanicamente il centro; per lo sviluppo organico, mentale e spirituale sulla Terra, il nuovo contro-sole divenne decisivo. E questo nuovo contro-sole era più efficace del vecchio, perché intorno ad esso girava la massa energetica del Santur, che era ugualmente polarizzata alla radiazione formativa passiva. Per quanto meccanicamente insignificante fosse, dal punto di vista dei suoi effetti formativi doveva rappresentare uno straordinario rafforzamento dell'effetto del contro-sole.

Questa interazione formativa del nuovo contro-sole con il Santur doveva avere la più forte influenza fisica e spirituale sull'abitante della città, fino ad allora ancora piuttosto semplice, soprattutto perché sul nuovo contro-sole veniva introdotto un nuovo potere di esistenza per l'elevazione dell'umanità, la "direzione".

Principio di eccitazione

È nella natura del piano di sviluppo che gli educatori ai livelli superiori di sviluppo devono essere essi stessi più altamente sviluppati degli educatori ai livelli inferiori di sviluppo. Pertanto, nella nostra esistenza cosmica, la direzione doveva rappresentare un potere superiore di conoscenza e di capacità rispetto ai precedenti educatori *Stainmenschen*, "Vani-Asi e gestione". Questa natura superiore della nuova direzione corrispondeva anche a un luogo d'azione cosmotecnicamente più favorevole.

I Vani e la gestione più antica abitavano nello spazio di potere della Terra, gli Asi nello spazio di potere della luna di quel tempo, mentre il trono della direzione era stato eretto sul sole opposto. Per apprezzare il significato cosmotecnico di questo luogo del trono nella sua enorme importanza, dobbiamo tenere presente che il contro-sole si trova nella punta del cono che è formato dai raggi motori del Sole i quali scorrono dal Sole sui sottili involucri di combustibile della Terra e che ogni raggio motorio del Sole è incontrato da un raggio formativo che scorre dalla punta del cono, che determina il numero di rotazioni (e la lunghezza d'onda) di questi raggi.

Poiché, come ci insegna la scienza, il numero di oscillazioni delle onde elettromagnetiche solari determina il loro effetto fisico, chimico, biologico e quindi anche psicologico, possiamo indovinare quale inaudito potere è concesso a una potenza cosmica che ha il suo trono all'apice del cono dei raggi solari, da dove può determinare il numero di oscillazioni di ogni singolo raggio solare. A un tale potere è virtualmente dato di cambiare la luce del Sole come il suo piano di sviluppo umano richiede su larga scala per il rispettivo stadio di sviluppo dell'intera umanità, e su piccola scala per particolari Paesi della Terra, particolari luoghi della Terra, persino singoli esseri umani. Questo è correttamente compreso.

La luce del sole è una miscela di raggi che scorrono uno accanto all'altro, infrarossi, luminosi, ultravioletti e probabilmente altri raggi ancora inesplorati, e la miscela di questi raggi, secondo il vecchio assunto, è nelle mani della direzione, temporalmente e localmente. La luce del Sole era dunque mescolata diversamente 200.000 anni fa rispetto ad oggi, il Se splende sull'Europa diversamente che sull'America, su Berlino diversamente che su Potsdam, e se necessario sull'individuo, che è uno strumento speciale di guida, diversamente che sul cittadino medio nello stesso luogo di residenza. Le differenze di irradiazione vanno anche oltre, almeno secondo l'affermazione dell'astrologia, che assegna ad ogni singolo uomo le sue proprie e solo le sue speciali miscele di raggi solari. Torneremo su questo presupposto e mostreremo con quanta chiarezza e logica gli antichi lo hanno derivato, ma siccome sappiamo quanto sia difficile per l'Occidentale di oggi, così meccanizzato nel suo pensiero, riuscire a capire una tale idea, vorremmo ricordarvi qui quelle antiche immagini sulle quali è raffigurato il cosiddetto Occhio di *Gôt*, che ha e tiene d'occhio ogni singolo essere umano sulla Terra attraverso i suoi raggi. In verità, non potremmo pensare ad una rappresentazione più felice e pittorica della direzione in trono nel sole opposto di quella che ci viene offerta in queste semplici immagini infantili.

Dal mito della collana Brisinga abbiamo messo in relazione la creazione di un nuovo cortile del nobile con i cambiamenti fondamentali del nostro ordine solare. Ora che abbiamo chiarito questi cambiamenti fondamentali, ci tocca spiegare l'origine del cortile del nobile. Questo compito non può essere troppo difficile dopo tutte le considerazioni precedenti. Davanti ai nostri occhi vediamo ora i giardini di selezione dell'umanità di *Stainmenschen* situati ai due poli dell'asse di rotazione terrestre, le Sippe abbastanza primitive, le Sippe Semanen e Samanen un po' più sviluppati e infine le Sippe cape, allora molto sviluppate, che vivono in esse, tutte persone unisessuali, tutte indifferenti se giovani o vecchie, e prendono la vita dal lato confortevole, vivendo nelle caverne o sotto le chiome frondose della foresta primordiale densamente ricoperta, dormendo il più possibile, oziando svegli, per lo più onirici, eseguendo i pochi compiti a cui sono stati finora educati, per lo più strisciando, raddrizzando i loro corpi solo raramente e comunicando solo con alcuni duri suoni gutturali. E questo popolo di *Stainmenschen* ha due stelle splendenti, il Sole e il Santur. Secondo la tradizione, il Sole è velato, la direzione è passata a raggi invisibili invece che luminosi, e il Santur era ancora rovente in quel momento. Come si rapportavano gli *Stainmenschen* a questi due soli? Prima non erano affatto coscienti del giorno, perché, come riportano le tradizioni, non possedevano ancora un Io che avrebbe potuto impartire loro la coscienza del giorno. Ma la loro subcoscienza, che guidava quegli *Stainmenschen* più sicuramente di quanto la più chiara coscienza diurna di oggi potrebbe mai guidare un uomo dalla mente altera, doveva imprimersi inequivocabilmente il significato di questi due soli. Questo, naturalmente, avvenne solo a partire dal momento in cui il nuovo ordine solare, come lo abbiamo descritto, era stato riunito e la gestione era diventata riconoscibile come il nuovo potere d'esistenza aggiunto e onnipotente della loro anima. Per quanto riguarda l'Epoca della tradizione, da circa il

228.000 a.C., a partire da questo momento, l'anima era inevitabilmente costretta a regolare il prima che animava lo *Stainmensch* in due direzioni, ossia nelle due direzioni che erano cosmicamente indicate dai due soli. Le manifestazioni e i ritmi dei due soli erano così clamorosamente diversi che lo *Stainmensch* dovette adattarsi a entrambi, e a ciascuno in modo fondamentalmente diverso. I cortili di selezione erano situati intorno ai due poli di rotazione dell'asse terrestre, intorno al Polo Nord e al Polo Sud, che allora si trovavano probabilmente in zone della superficie terrestre molto diverse da quelle attuali. Come è noto, il sole splende alternativamente per metà anno sia al Polo Sud che al Polo Nord. Gli *Stainmenschen*, quindi, non vedevano affatto il Sole per metà dell'anno, e nell'altra metà dell'anno solo come un corpo celeste spento, poco splendente e poco riscaldante. D'altra parte, il Santur sorgeva al mattino con un bagliore rosso e, a causa della sua vicinanza alla terra, con un bagliore caldo per gli abitanti del Polo Nord e tramontava la sera per gli abitanti del Polo Sud. Correttamente espresso, il Santur non si alzava e tramontava quasi per niente, ma brillava quasi continuamente, come si può vedere dall'immagine allegata delle probabili orbite del Santur per il 21 dicembre e il 21 giugno.

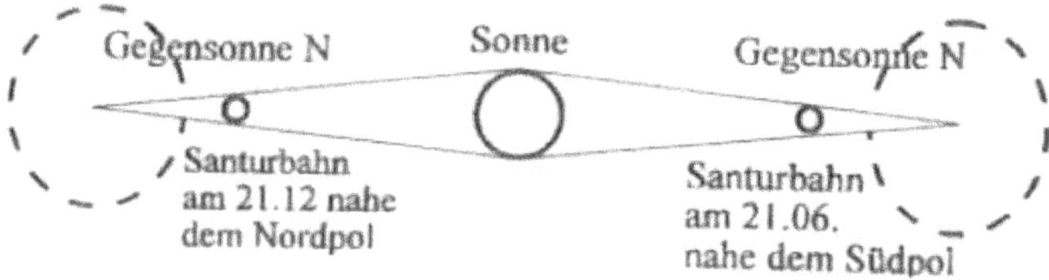

Ma a causa della sua piccola forma, appariva come una piccola stella rossastra nelle sue orbite lontane dalla Terra, per raggiungere una dimensione rispettabile vicino alla Terra.

In considerazione di queste differenze nelle forme e nei ritmi dei due astri del giorno, per gli *Stainmenschen* polari il sole attuale, che brillava solo semestralmente e solo debolmente e con poco effetto riscaldante, doveva perdere significato sensibile in confronto al Santur, che illuminava e riscaldava la loro esistenza anche in inverno, tanto più che brillava più favorevolmente sui loro cortili di selezione in inverno che in estate a causa del rivestimento della Terra.

Anche se il sole non aveva lo stesso significato per gli *Stainmenschen* polari come per l'umanità di oggi, non poteva essere trascurato affatto, nemmeno in inverno. Anche se il sole stesso rimaneva impercettibile ai sensi in questo periodo dell'anno, il CONTRO-SOLE, invisibile a noi oggi, il trono della direzione onnipotente, si ergeva indelebilmente imponente davanti all'anima onnipotente e richiedeva venerazione. Il Santur visibile che gira intorno al contro-sole invisibile apparve allora come il messaggero di luce e fuoco (*Farbautr*) della direzione, i suoi raggi formativi avevano anche un effetto sulla forma umana, eccitandola, sollevando il corpo strisciante. Così la venerazione spirituale della direzione e il graduale raddrizzamento del corpo umano durante i mesi invernali andavano di pari passo e davano a questa stagione un significato che difficilmente possiamo sentire oggi.

O possiamo? Basta ascoltare con l'orecchio interno una piccolissima parola della nostra lingua, quella parola che è allo stesso tempo la più orgogliosa e la più triste, la piccola parola "*Ich*"[7], basta immaginare come il corpo dello *Stainmensch* si alzava ogni mattina alla vista del Santur il quale si avvicinava rapidamente e cresceva, come, per l'eccitazione mentale e lo sforzo fisico allo stesso tempo, tirò dentro il suo respiro in modo udibile come il suono "*Ich*" nel saluto della luce e così attirò in se stesso la coscienza dell'Io che lentamente albeggiava, la coscienza di una contraddizione che in quel momento gli era ancora del tutto oscura, e tuttavia era posta ineluttabilmente davanti all'anima.

---

[7] "Io", N.d.T.

Dopo l'inverno, con il suo ritmico, estenuante, ogni mattino io-erettore al saluto della luce, venne l'estate gioiosa semestrale, la stagione in cui il Sole disegnava i suoi cerchi bassi all'orizzonte per mezzo anno, in cui la sua luce, per quanto fievole, non si spegneva per mezzo anno, in cui il bagliore rossastro del Santur perdeva la sua compulsione mattutina di anima e corpo, in cui il potere di direzione affondava nell'incoscienza e tutta la vita scorreva via nell'incoscienza e nell'unità totale. Almeno per gli *Stainmenschen* che non avevano nulla a che fare con i compiti di guide Samanen-Femanen e dell'umanità.

Nei Samanen, nelle Femanen e nei capi dell'umanità, tuttavia, l'alternanza costante di estati felici e di inverni tristi in relazione con il lento divenire della coscienza dell'Io ha lasciato presto un ricordo, sempre più profondo, che col tempo doveva esprimersi in modo altrettanto organico che mentale, poiché questa alternanza di stagioni rappresentava evidentemente una divisione dell'intera esistenza, che inoltre interveniva profondamente negli stati di coscienza dell'anima creatrice.

Gli *Stainmenschen* devono aver preso coscienza di questa divisione dell'esistenza? I più sviluppati, i capi dell'Umanità. È in loro che la coscienza dell'Io deve essere progredita più rapidamente e così anche la divisione dell'esistenza deve essere stata sollevata più rapidamente dalle oscure profondità primordiali dell'anima creatrice nella coscienza diurna. Ma poiché era l'anima creatrice che pronunciava la sua parola creativa qui nei capi dell'umanità, questa parola dell'anima doveva anche trovare la sua espressione in una forma creativa, "farsi carne", ossia creare nuove forme umane fino ad allora sconosciute.

Per poter cogliere questa creazione di forme umane, dobbiamo rivolgerci al calendario che ci hanno lasciato i *Kalandbrüder*[8] e che la Chiesa cattolica usa ancora oggi come calendario ecclesia-

---

[8]   *Fratres Calendarii* in latino, N.d.T.

stico. In questo calendario, il periodo che va dal 14 del raccolto al 15 della fine dell'anno è chiamato "trentesimo dell'Altissima Donna", un'indicazione che in questa stagione la nostra cara Signora, la Madre della Vita, deve essere intervenuta una volta in modo molto particolare nella formazione della vita umana.

La scienza — Prof. Dr. Karl Röck, Vienna — ha dimostrato che il trentesimo di questa Alta Donna è un ricordo di un precedente calendario di Venere, così che abbiamo una pretesa giustificata di associare questa sezione del calendario all'opera di Freya, secondo il mito della collana Brisinga. Inoltre, Wilhelm Grimm pubblicò nelle sue *"Deutsche Runen"* una serie di 33 aste runiche, che non solo si adatta numericamente a questa sezione del calendario, ma porta anche in un posto decisivo, ossia come 32° asta, la runa che illumina il significato di questa serie runica, la runa *"Stan" Stain*. Siamo quindi propensi all'opinione che gli antichi *Kalandbrüder*, con l'inserimento del trentesimo dell'Alta Donna nei calendari ecclesiastici, abbiano voluto conservare il ricordo di una stagione significativa molto speciale per quanto riguarda gli *Stainmenschen*, e pensare al fatto che in questo periodo avrebbe potuto avvenire la fecondazione unisessuale interna degli *Stainmenschen*. La nascita dei bambini sarebbe quindi avvenuta in maggio-giugno, ovverosia nel tempo dell'"alto maggio", che già mostra la sua intima relazione con la "Madre della Vita" attraverso il suo nome, e nella Chiesa Cattolica attraverso le feste mariane di maggio.

Se la nostra supposizione fosse corretta, questi *Stainkinder* sarebbero stati concepiti in estate, ossia nella stagione gioiosa, e quindi avrebbero dovuto essere indirizzati secondo i principi astrologici come più adatti all'esterno che all'interno. Non sbaglieremo, quindi, nel supporre che la grande moltitudine degli *Stainkinder*, specialmente quelli spiritualmente non sviluppati, siano stati concepiti e nati in estate senza eccezione.

La divisione che la direzione ha portato all'esistenza, e che ha lottato anche per esprimersi nelle forme umane, deve quindi necessariamente essere incarnata da tali persone che, in contrasto con il popolo originario degli *Stainmenschen*, sono state concepite e nate in inverno. Tali persone, se ricordiamo il mito di Krist bambino, potrebbero essere coloro che sono nate in luglio, nell'Avvento o nelle *Rauhnächten*[9] e sono stati quindi concepite intorno al tempo dell'Annunciazione (25 Marzo). Il concepimento e la nascita di questi bambini invernali avvenivano sotto le descritte condizioni esterne inibitorie e, d'altra parte, sotto condizioni che promuovevano l'interiorizzazione, e si può quindi supporre che queste genti rappresentassero una razza di persone fondamentalmente diversa dal popolo degli *Stainmenschen* estivi. Vista la stagione sfavorevole della loro nascita, siamo propensi a supporre che queste genti fossero fisicamente più piccole dei bambini degli *Stainmenschen* estivi e si può quindi supporre che siano all'origine dei popoli nani che esistono ancora oggi.

Che si abbia ragione o meno in questa supposizione, la differenza tra i gli *Stainkind* invernali e gli *Stainkind* estivi originali era così immensa che la tradizione fa virtualmente derivare l'origine di una nuova, seconda razza radice dell'umanità da questi *Stainkind* invernali. La tradizione Nordica chiama il popolo di questa seconda razza radice Kymri, la tradizione Greca "Iperborei", e la tradizione Nordica riporta come memoria più importante dei Kymri il fatto che svilupparono una lingua diversa dal popolo della prima razza radice. Tuttavia, poiché lo sviluppo del linguaggio in connessione con l'erezione del corpo è stato decisivo per la crescita dell'uomo dallo stato animale, e poiché il linguaggio e la postura del corpo determinano il tipo razziale dell'uomo fino ad oggi, dobbiamo approfondire questo aspetto.

Finché il popolo degli *Stainmenschen* viveva strisciando, la sua laringe era posta orizzontalmente ed era inadatta allo sviluppo di

---

[9] Le notti da Natale all'Epifania, N.d.T.

un linguaggio vero e proprio. Portare la testa in posizione orizzontale crea una tensione nella gola, che praticamente fissa la laringe e quindi impedisce ampiamente qualsiasi sviluppo linguistico. Per la comunicazione tra gli *Stainmenschen* della razza radice, quindi, era disponibile solo un sistema molto semplice di suoni di gola, appena sufficiente per le poche necessità della vita fisica di allora senza problemi. Le poche cose che Samanen, Femanen e i capi della comunità avevano organizzato nell'esistenza non potevano più essere espresse in questi suoni gutturali animali; era necessario l'uso di un linguaggio dei segni. Quando questi *Stainmenschen* si alzarono nel saluto della luce e impararono a produrre quei suoni "ch" nell'assunzione udibile del respiro, che rappresentavano la forma originale della parola *"Ich"*, sperimentarono qualcosa di completamente nuovo per loro, il suono originale del linguaggio umano. Sembra necessario ricordare all'umanità di oggi, che si è abituata a parlare in modo senz'anima, spesso in modo deleterio, il fatto che la nascita del linguaggio umano è stata vissuta nel più profondo trauma spirituale, in quel saluto di luce che ha fatto straziare gli uomini, gli *Stainmenschen* della prima razza radice, per dividere il loro Io dal grande Tutto Io Unico.

Chi può comprendere oggi la sofferenza che entrò nelle anime in quel momento con la realizzazione di questa divisione dell'Io, che fino ad allora si era sentita così completamente felice e sicura nel Tutto Io Unico? Ma chi può misurare l'intero impatto dell'aumento dell'agonia che entrò negli *Stainmenschen* attraverso la divisione razziale? Perché non era solo la diversa forma fisica che separava i bambini invernali da quelli estivi, i sensi potevano abituarsi alla differenza di forma, ma era una differenza d'anima che separava le due razze che vivevano fianco a fianco più profondamente e durevolmente di qualsiasi differenza di forma.

I bambini dell'estate vedevano tutto solo dalla loro ridente anima solare, il mondo intero come un giardino di piacere, pronti a giocarci tutta l'estate e a languire più o meno attraverso l'inverno con i suoi disagi. I bambini dell'inverno, invece, hanno afferrato la loro esistenza innatamente con un'anima gelida di desiderio, con piena consapevolezza del significato del loro Io-distaccato dal Tutto Io Unico. Per loro, il mondo era una scuola di sofferenza, un luogo di apprendimento, in inverno come in estate, in inverno per il raggiungimento della conoscenza spirituale, in estate per l'apprendimento della padronanza dell'esistenza. Sono stati gli *Stainmenschen* più evoluti, i capi della comunità, da cui sono emersi i primi bambini dell'inverno kymrico.

E poiché la loro diversa natura emanava dall'anima, non solo la loro crescita, ma anche il loro linguaggio emergente doveva essere diverso da quello dei bambini estivi. È vero che la prima parola che impararono fu un saluto di luce al Santur, era anche una parola dell'Io, ma questa prima parola della lingua kymrica era già un'espressione della coscienza dell'Io risvegliata. Suonava non nell'inspirazione ma nell'espirazione del respiro, non come nei bambini estivi per timorosa riverenza ma per appagamento del desiderio di luce, non come un "ch" gutturale ovattato ma come un "ai" chiaramente respirato come "*Ich*", con i bambini estivi la consonante aspirata, con i bambini invernali la sillaba vocalica espirata. Questa fu, secondo la tradizione, l'origine a 2 raggi del linguaggio umano come risultato della prima divisione razziale. Questa era l'origine del fatto che i bambini estivi e quelli invernali non erano in grado di comunicare linguisticamente, ma solo con i gesti, perché non era solo la differenza udibile, qui consonanti, là autosuoni, che separava i bambini dell'estate da quelli dell'inverno, ma decisamente la differenza di pensiero che causava una tale differenza linguistica: qui pensiero concreto, là astratto.

La causa fondamentale della divisione razziale, che si esprimeva negli atteggiamenti nei confronti dell'esistenza, nelle forme corporee e nell'impossibilità di comunicazione linguistica, era, come abbiamo sostenuto, profondamente radicata nel piano divino della creazione, ma i Kymri sarebbero caduti fuori dalla linea umana di sviluppo se non avessero, in modo genuinamente umano, creato esseri responsabili della divisione dolorosamente palpabile. Contemplativi e onnicomprensivi com'erano, cominciarono quindi a occuparsi principalmente della direzione come massima potenza conosciuta dell'esistenza nel mondo illusorio... il mito è nato. Non che vedessero oltre la fonte imperscrutabile di tutta l'esistenza e di tutto lo sviluppo, per niente, ma in qualche modo la direzione, che essi vedevano nella sua essenza, doveva essere da biasimare per la divisione e il tono della divisione, e questa colpa poteva consistere solo nel fatto che la direzione stessa era in sé ambivalente.

Così l'idea dei poli chiari e scuri della direzione e l'effetto legittimo dei due poli è sorta dove ha colpito più sensibilmente ogni individuo, nell'Io appena risvegliato.

Oh, quel Io!

Questa solitudine dell'Io, che aumenta ogni giorno di più, che come conseguenza del gioco crudele e implacabile delle due direzioni dei poli ha lacerato visibilmente la meravigliosamente confortante interconnessione dell'anima, lo sviluppo doveva andare in questo modo terribile? E non c'era nessun potere esistente che potesse contrastare tutta questa sofferenza?

Le risposte che i Kymri addolorati sentivano a queste domande nella loro anima erano piene di consolazione fortificante. Cammini di sviluppo lontani, difficili, dolorosi e pericolosi venivano loro indicati pittoricamente, si vedevano percorrere questi sentieri, si vedevano confrontarsi con resistenze con le quali dovevano lottare, a volte correndo avanti, a volte buttandosi indietro, a volte vincendo, a volte perdendo, ma sempre crescendo, superando se stessi. Di fronte a queste immagini, l'eroe si svegliò nella loro anima, e questo eroe formò la risposta alla domanda sulla necessità della loro esistenza vacillante, la formò dalle sillabe vocaliche del saluto della luce invertendole nella seconda parola importante della lingua kymrica, l'eroico "sì"! Non forse come una parola indipendente, ma come un'estensione del suo saluto kymrico di luce ad Aija. Anche nel Medioevo, gli scaldi si chiamavano orgogliosamente "germogli di Aija".

Delle due sillabe del saluto di luce Aija, la prima fu naturalmente aspirata e la seconda espirata. Si può vedere da questo quanto profondo deve essere stato quel taglio evolutivo nell'anima, che si esprimeva linguisticamente e nel linguaggio del culto come un passaggio dall'Ai espirato all'Aija. Se questo tipo di espressione, la prima domanda, era soddisfatta o pacificata dall'interno, allora la seconda domanda, quella sulle potenze d'aiuto, trovava la sua risposta dalle immagini esterne, dalle immagini mutevoli del proprio sistema solare.

Nell'eclittica, visibile ai Kymri polari all'orizzonte, giravano il Sole, il contro-sole, le stelle planetarie, la Luna, e perpendicolarmente all'eclittica il Santur tracciava il suo percorso. Da questo ordine dei corpi celesti, a parte le eclissi di Sole e di Luna e i transiti di Venere, che ci sono anche noti, c'era spesso un incontro apparente del Santur con il contro-sole, la Luna e le stelle planetarie. Tutti questi eventi cosmici eccitavano l'immaginazione dei Kymri, come ci raccontano numerosi miti.

Più frequentemente, ossia ritmicamente ogni giorno, il Santur colpiva il contro-sole. Gli attenti sensi interiori dei bambini degli Stainkinder percepivano il contro-sole invisibile anche quando era sotto l'orizzonte. Per i Kymri, il passaggio illusorio del Santur attraverso il contro-sole era riconoscibile per il fatto che avveniva quotidianamente in prossimità del Santur, ovvero nel momento in cui il Santur appariva al suo massimo e più luminoso.

Questo momento, in cui avveniva anche il quotidiano saluto di luce, era quindi il culmine di ogni giorno. (Si noti la differenza: per i proto-ominidi polari l'altezza del giorno portava l'eccitazione mentale, per i figli naturali di oggi l'altezza del giorno porta l'ora di Pan, la soddisfazione mentale). Poiché il passaggio del Santur attraverso il sole opposto portava una grande eccitazione mentale e l'erezione violenta, quasi convulsa del corpo, il Santur appariva ai Kymri come la sede di una potente personalità educativa che era al servizio della direzione. Questa personalità di Santur era inclusa nella mistica come il messaggero di luce e fuoco della direzione, in tempi successivi le fu dato il nome di "Farbautr", ed era vista più o meno nello stesso modo in cui il Santur è visto ancora oggi, come un implacabile, severo, irresistibile educatore dell'umanità, un offensore per il popolo perdurante, un benefattore per il popolo ascendente, ossia come il suo signore, la direzione, come bipolare, buio e luce.

Secondo il Santur, la Luna che gira rapidamente mostrava i cambiamenti più ritmici, di cui naturalmente quelle 4 forme, che sono ancora indicate in ogni calendario, luna piena, luna nuova, luna calante e crescente, dovevano occupare l'immaginazione dei Kymri in modo particolarmente vivido. Poiché la Luna, o più correttamente il campo di forza della Luna, era considerata come la sede degli Asi, le 4 fasi della Luna dovevano essere associate a 4 gruppi di Asi, precisamente quei 4 gruppi che abbiamo già indicato. Se c'era originariamente un solo gruppo di Asi nell'immaginazione degli *Stainkinder*, ovvero gli odhinnici, si può concludere che prima dell'istituzione finale del nuovo ordine nel nostro sistema solare, le quattro fasi lunari non erano sufficientemente appariscenti o che poco sforzo fu fatto a quel tempo per osservare la Luna e l'influenza spiritualmente educativa che emanava da essa.

Ma una volta che le 4 fasi lunari erano state osservate e messe in relazione con 4 gruppi di Asi, le peculiarità di questi 4 gruppi asici dovevano essere introdotte nel mito. Le 4 fasi della Luna sollecitano questo, ovverosia le fasi opposte più convincenti della luna piena e della luna nuova.

L'imponente luna piena che irradia dolcemente, che ancora oggi appare ad alcune persone come gentile e amichevole, doveva rappresentare il gruppo più nobile degli Asi, gli odhinnici. Poiché la Luna appare bianco-argentea, Odhin è chiamato ancora oggi il "cavaliere bianco". Ma quando la luna era piena, c'era la seguente linea quasi retta: Sole-Terra-Luna-Santur all'altezza del saluto alla luce del contro-sole. La luna piena, che non è auto-irradiatrice, prendeva in prestito e quindi trasmetteva i raggi del Sole, del Santur e del contro-sole, che aveva in qualche modo trasformato secondo la sua natura. Questa trasformazione della radiazione presa in prestito da tre corpi celesti forma il contenuto del mito lunare che emerge nel tempo.

C'erano, più vistosi all'occhio, sopra tutti gli altri, i raggi riflettenti e trasformati del Sole. Il Sole, simbolo della madre della vita, guardava dallo specchio della luna piena con i suoi raggi sull'umanità unisessuale, che non solo risvegliava l'odhinnico-spirituale nell'anima e si sforzava di sollevarlo nella coscienza diurna dell'Io, ma voleva anche influenzare in qualche modo la vita fisica. In cosa consistesse questa influenza corporea e dove mirasse, naturalmente, rimaneva ancora oscuro ai Kymri unisessuali, ma non poteva sfuggire ai loro attenti sensi interiori che ogni tempo di luna piena evocava eccitazioni negli organi creativi dell'addome i quali riempivano le loro anime con sentimenti di auspicio per qualcosa di ancora inconoscibile.

Tali sentimenti, che ritornavano ritmicamente con la luna piena, erano troppo beati per non essere inclusi nella mistica — li troviamo quindi riportati nella mistica: Freyja divenne l'amante di Odhinn.

Se i raggi del Sole venivano riflessi dalla luna piena, i raggi del Santur e del contro-sole passavano attraverso il campo di forza della luna piena all'altezza della luce e venivano così trasformati, e dal contro-sole venivano i raggi di direzione. Questi, a 2 poli, scuri e chiari, erano sempre da prendere con cautela. Dal Santur provenivano i raggi del Farbrautr, anch'esso una personalità bipolare, e così dalla luna piena provenivano, oltre ai raggi Freyja fisicamente eccitanti e i raggi Odhinn risveglianti l'anima, anche i raggi spiritualmente eccitanti di effetto molto bipolare, che pungevano l'Io. Anche se Odhin stesso, come amante di Freyja, era sentito solo come gentile, disinteressatamente sacrificale, la compagnia del contro-sole e del Santur, in cui si trovava la sua immagine, la luna piena, aveva un valore molto dubbio per l'Io umano.

La mistica ha quindi formato i raggi contro-sole e Santur provenienti dalla luna piena in una personalità propria, "Loki", del quale si dice: «Tra gli Asi si annovera anche colui che alcuni chiamano il calunniatore degli Asi o l'autore dell'inganno e della disgrazia di tutti gli dèi e degli uomini.»

Dal nostro sviluppo pittorico è chiaro perché "Loki" è solo «annoverato tra gli Asi», ossia non considerato effettivamente come un Ase; non è una personalità lunare effettiva, ma semplicemente, per così dire, un associato della stessa. Per questo si dice di lui nel mito della collana Brisinga: si è "raccomandato" a Odhin in Asgard e si è fatto suo seguace. Il Mito della collana Brisinga riporta quali effetti possono avere i raggi della luna piena odhinnica attraverso la commistione dei raggi di Loki: Odhin gli chiedeva il suo parere in ogni cosa, alla fine gli metteva spesso davanti grandi opere, ed egli risolveva con mano abile tutto ciò che veniva rovesciato. Di solito si rendeva conto di tutto quello che si poteva imparare e raccontava a Odhin tutto quello che capiva...

L'elucidazione cosmotecnica del nostro mito coincide con l'esperienza scientifica, che nota una maggiore eccitabilità mentale e fisica fino al sonnambulismo come effetto collaterale dei tempi di luna piena. Se tali concomitanze della luce della luna piena si osservano anche nell'umanità odierna dalla coscienza diurna altamente coltivata, si può intuire da questo l'effetto tremendo della luna piena sugli *Stainmenschen* e Kymri di quel tempo, che non erano ancora dotati della coscienza diurna che poteva difendersi, e formarsi una pallida idea dei processi organici e mentali che potevano, ma non dovevano, sorgere in quei bambini che venivano concepiti al tempo della luna piena. E questo ci porta alla comprensione del racconto del mito della collana Brisinga sulla protezione speciale di Freyja per il cortile dei nobili kymrici.

I raggi di Loki aggiunti alla luce della luna piena non avevano solo un effetto spirituale (Odhinnico) ma anche organico (su Freyja), influenzavano la vita spirituale e fisica. Naturalmente, questa influenza si è espressa in modo più forte negli *Stainkinder* che sono stati concepiti al momento della luna piena. In loro, il cervello si è sviluppato organicamente, e di questo, principalmente l'emisfero destro del cervello, e con esso la capacità mentale di fare confronti, di sentire la massa, di raccogliere e immagazzinare esperienze di esistenza concreta. Come espressione linguistica di questa attività concreta della mente, si svilupparono delle consonanti che, pronunciate individualmente o in gruppo, registravano le esperienze fatte. Come è noto, la scienza della ricerca linguistica è ancora in grado di riconoscere dalle lingue odierne il significato oggettivo delle consonanti e dei gruppi consonantici che costrinsero gli *Stainmenschen* di quel tempo a costruire e sviluppare la loro lingua, e, poiché i più antichi caratteri conservati per le consonanti e i gruppi consonantici sono tratti dalle rappresentazioni più semplici delle stelle e delle cosiddette stazioni lunari, si può anche vedere da questo che e come la lingua degli *Stainmenschen* si sviluppò sotto costrizione cosmica.

Come risultato di questo incipiente confronto dell'Io degli *Stainmenschen* con il loro ambiente, la presa del mondo esterno si sviluppò lentamente. Lo sviluppo degli organi per confrontare coscientemente l'udito, il tatto, la vista, l'olfatto, il gusto e un nascente atteggiamento razionale dell'Io verso l'ambiente oggettivo al posto di quello precedente puramente istintivo. Poiché furono da una parte le influenze odhinniche e dall'altra quelle lokianiche a suscitare i primi albori dell'attività intellettuale degli *Stainmenschen*, si può avere una piccola idea delle conseguenze di questo sviluppo, poiché tutte le differenze di carattere tra altruisti ed egoisti, gentili e malvagi, eccetera che oggi sono evidenti, apparvero così per la prima volta e devono essere state sentite a quel tempo come una mostruosa divisione dell'umanità. Tanto più che il lokianico era sempre più potente dell'odhinnico e, come già spiegato, oltre all'odhinnico e al lokianico, dovevano comparire anche il baldurianico e il thorianico, il che rendeva ancora più insopportabile l'asprezza della divisione.

Col tempo, queste divisioni, organicamente radicate nelle loro origini, sono state sentite come insopportabili anche da gestione e direzione. In effetti, la tradizione riporta che i fenomeni di scissione avvenivano in modo diverso a quell'epoca rispetto ad oggi. Oggi, i 4 tipi asici di divisione sono più o meno mescolati in ogni essere umano; ognuno può vedere che presto gli impulsi odhinnici, presto lokianici, presto baldurianici, presto thorianici arrivano al suo Io e cercano di influenzarlo. A quel tempo i quattro tipi asici di scissione, nella misura in cui si verificavano, erano strettamente separati, uno *Stainmensch* poteva essere influenzato solo da odhinnico, lokianico eccetera perché possedeva solo i corrispondenti organi ricettivi per queste influenze.

Questi tipi di scissione strettamente separati non potevano quindi capirsi e dovevano entrare in opposizione insormontabile, motivo per cui, se capiamo bene le tradizioni orali, si dovette procedere a un reinsediamento parziale di *Stainkinder* il che comportò una separazione diffusa dei singoli tipi di separazione selezionati nei cortili. È difficile che questi primi generosi reinsediamenti di settori dell'umanità siano stati effettuati tutti in una volta, ma nel corso di immensi periodi di tempo, secondo chiari piani di gestione e direzione, e solo dopo aver raggiunto ulteriori importanti sviluppi organici. Questi ulteriori sviluppi erano già così profondi che la tradizione non si riferisce più agli *Stainmenschen* di quelle tribù migratorie come la razza radice Polare, ma come la razza radice Lemuriana o la 3° allevata da essa.

Naturalmente, questo sviluppo del polare alla razza Lemuriana non ha riguardato solo i generi delle grandi masse ma anche Femanen, Samanen e i generi capi.

I Kymri, la 2° razza radice, se la cavarono diversamente, perché formavano quel nobile cortile in cui «nulla poteva entrare senza la volontà di Freyja, se la soglia era sbarrata».

Anche Odhinn era precluso da questa soglia, i Kymri non ricevevano al tempo di luna piena. Sappiamo anche perché: dovevano essere protetti dai raggi di Loki aggiunti alla luce della luna piena. Ma come poteva la soglia rimanere chiusa, e quale bullone era così forte da impedire il concepimento tra i Kymri, che potevano manovrare un tale bullone?

Poiché il mito della collana Brisinga si riferisce alla volontà di Freyja come questo potere di chiusura, ma Freyja era incaricata dello sviluppo organico, dobbiamo concludere sull'esistenza di un organo speciale nei Kymri, un organo così meravigliosamente sviluppato che doveva impedire il concepimento in tempi sfavorevoli e permetterlo in tempi favorevoli. Sappiamo dal mito della collana Brisinga che Freyja controllò per la prima volta completamente questo chiavistello organico intorno al 228.000 a.C., più tardi, intorno all'84.000 a.C., però, solo finché il libero arbitrio dei Kymri riconobbe questa regola, motivo per cui Loki riuscì allora a concepire il suo seme bugiardo nel nobile cortile senza che Freyja fosse consapevole di questo concepimento durante il processo stesso. L'organo a chiavistello di Freyja dovette quindi atrofizzarsi, secondo questo racconto mitico, secondo la legge dello sviluppo umano.

Ma, anche se si è atrofizzato e oggi giace dormiente nell'incoscienza più profonda dell'organismo umano, deve essere ancora disponibile per lo spirito ricercatore, e il suo effetto deve essere ancora conosciuto oggi, e lo è. Basta ricordare la resistenza delle anime vergini alla prima resa fisica. La scienza non deve avere difficoltà a trovare l'organo stesso, poiché gli antichi illustravano il mito della vita dal cielo stellato, dove essi stessi collocavano la costellazione del Serpente, simbolo noto della seduzione nel mito, accanto alla costellazione della Vergine. Vista la corrispondenza della struttura del cervello con il cielo stellato settentrionale, gli antichi riconoscevano quindi l'organo di aggancio di Freyja come situato nel quarto posteriore dell'emisfero destro del cervello, nel campo di forza di Tyr della Bilancia.

Nella scrittura pittorica del popolo Ario-Germanico, che prendeva i suoi segni dal cielo stellato settentrionale nell'ordine nominato, l'organo di chiusura di Freyja doveva corrispondere alla barra '/' che ha il nome significativo *"balg"* (bastardo). Finché Freyja controllava completamente questa barra nell'organismo umano, impediva il concepimento di bastardi lokiani (infanti supposti) nella razza radice kymrica. Tuttavia, quando l'Io divenne indipendente nei Kymri, intorno all'84.000 a.C., e questo Io contrastò il potere di chiusura di Freyja, tali bastardi nacquero come riporta la mistica.

Se Freyja controllava un suo organo per impedire la generazione lokianica (al concepimento durante la luna piena), doveva anche controllare un organo che attivasse il concepimento in quei momenti in cui la generazione lokianica era impossibile. Gli antichi cercavano quest'organo anche nell'emisfero destro del cervello, ma nel suo quarto anteriore, situato approssimativamente simmetricamente all'organo del chiavistello in relazione all'asse delle orecchie, ovverosia un po' dietro la tempia destra, nel campo del Cancro nel cerchio di Tyr. Nell'immaginario del popolo Ario-Germanico, questo organo di Freyja per la concezione benedetta (senza Loki) doveva corrispondere alla barra, che ha il nome significativo di *"bar"* (portatore-rivelatore). Finché Freyja regolò il concepimento con l'aiuto di questo organo a barra, il suo cortile nobile kymrico poté svilupparsi senza disturbi, e svilupparsi fisicamente dalle prime forme nane antiestetiche a forme grandi, belle e forti, a esseri con alta immaginazione, ma, come risultato della non partecipazione degli Asi al concepimento, senza la propria volontà dell'Io.

Quando, secondo il piano di sviluppo di direzione e gestione, questa volontà dell'Io si trasferì nel Kymri e questa volontà dell'Io contrastò la volontà di chiusura di Freyja, Loki generò il suo seme bugiardo nel nobile cortile, l'immagine-scrittura registrò questo sviluppo nel noto carattere della runa *Not*,

il cui nome dà perfetta informazione sulla sua efficacia.[10] Quando più tardi, dopo che il seme di Loki era stato concepito, la ragione umana cosciente del giorno si sviluppò nei germogli dei Kymri e certe famiglie nobili ascoltarono coscientemente gli avvertimenti dell'organo a barra di Freyja e percepirono con approvazione le possibilità di innesco che l'organo a barra di Freyja indicava, iniziò in queste famiglie uno sviluppo benefico, che fu registrato nel noto carattere della runa *Erda*[11].

Queste famiglie, che si sottomisero al polo luminoso e critico della direzione, divennero portatori di un progresso pacificamente

---

[10] La parola tedesca *"Not"* significa "sofferenza", N.d.T.

[11] Terra, N.d.T.

benedetto sulla Terra, portatori di salvezza, o, come dice il mito, "il sale della Terra", mentre le famiglie nobili di lokianici sollecitavano lo sviluppo unilaterale della ragione, l'autoconvincimento, l'uso del potere e altre cose.

Sia che si tratti di generi lokianici a mantice

o di generi a barra (*Barbaren*) di Krist,

i Kymri sapevano che entrambi erano espressioni intenzionali del piano della direzione per lo sviluppo dell'umanità, che entrambi dovevano lavorare insieme e contro l'altro nel compito comune di elevare l'umanità, e che quindi entrambi dovevano servire al raggiungimento finale della salvezza. Nella scrittura pittorica hanno espresso questa realizzazione in modo tale da combinare la runa *Erda* e la runa *Not* per formarne un'altra, la runa *Hagal* (*Hege-All*).

HAGAL

I tardi discendenti registrarono questa conoscenza delle rune in un verso del codice: «Dalla Terra e dalla sofferenza nasce la salvezza», o hanno eretto le note tre croci sul Calvario, che dicono la stessa cosa.

Avendo associato la scrittura pittografica dell'Ario-Germanico all'emergere del mito delle famiglie nobili, dobbiamo informarvi che la tradizione attribuisce effettivamente le prime incisioni runiche ai Kymri. È significativo che la parola d'ordine che richiama l'inizio dello sviluppo della scrittura si chiami "BO-SO". Questa parola d'ordine è ovviamente collegata alla nostra caratteristica parola male, ma con il male nel senso di soccombere al destino; così questa parola d'ordine "Boso" contiene un richiamo al triste stato d'animo di base dei Kymri. Ai Kymri, che vedevano con orrore tutte le divisioni "in divenire" dell'umanità, ai Kymri che sperimentavano le conseguenze delle influenze lokianiche sulla fratellanza polare e prevedevano per loro stessi un destino molto più duro, questa esistenza terrena sembrava indicibilmente triste, tutta la densa materialità come una prigione indegna dello spirito.

Con tanta più gratitudine, quindi, i Kymri veneravano l'unico potere cosmico che, in contrasto con la direzione polare, i polari Farbautr e Odhinn, che apparivano in dubbia compagnia, dava loro solo cose buone e amichevoli, la Madre della Vita, che li proteggeva dalle influenze lokianiche. Questo potere li proteggeva dal concepimento con la luna piena e lo attivava solo con la luna nuova, quando Odhinn era invisibile, probabilmente con la luna nuova nel circolo del Cancro di Tyr.

Così, mentre i Kymri rimasero presumibilmente unificati grazie all'influenza di Freyja per 144.000 anni, l'umanità degli *Stainmenschen* che si stava gradualmente Lemurianizzando fu divisa in 4 tribù cosmicamente determinate:

1. ricevuta dalla luna piena — influenza lokianica.

2. ricevuta dalla luna nuova — influenza odhinnica.

3. ricevuta dalla luna crescente — influenza baldurica.

4. ricevuta dalla luna calante — influenza thorica.

Queste 4 tribù Lemuriane furono disperse, come già menzionato, nelle zone intorno a quei 4 punti di afflusso di forze cosmiche che gli antichi chiamavano Asgard. Questa parola d'ordine apre quindi una visione dell'eventuale distribuzione delle 4 tribù di *Stainmenschen* Lemuriani. Queste 4 tribù sono anche associate ai 4 temperamenti conosciuti, le tradizioni non sono uniformi in questo, ma probabilmente nel seguente ordine:

angolo del vecchio mondo: est-nord-ovest-sud

Le 4 regioni terrestri qui menzionate erano le principali zone di riproduzione delle 4 tribù Lemuriane. Oltre a queste, c'era una serie di altre aree di riproduzione secondaria, per esempio la Svizzera e il Tirolo (Retico), Atlantide, la Scozia, gli Urali, le sorgenti dell'Eufrate e del Tigri, l'Asia centrale, la Corea, la Groenlandia, eccetera.

Parabola del seme

Così, i Lemuriani orientali sarebbero stati in origine puramente odhinnici, quelli settentrionali thorianici, quelli occidentali lokianici e quelli meridionali baldurianici. Preferiamo distinguere le 4 tribù di Lemuriani secondo le influenze asiche, e non secondo i temperamenti. I temperamenti non ci sembrano cogliere l'essenza delle differenze, e anche se corrispondessero in questo senso, non sarebbero sempre applicabili.

La direzione e gestione ha funzionato anche in queste tribù di Lemuri, l'opposizione di Loki a Odhinn e la rottura del rapporto armonioso tra Freyja e Odhinn in relazione al cortile del nobile. Procediamo allo studio del 3° e 4° del cambiamento condotto dal mito, la formazione di otto ulteriori sedi di gestione come supplemento ai 4 originali.

Queste altre 8 sedi di gestione sono state formate in tale segretezza che Freyja era quasi sorpresa da questa nuova creazione. Quando un giorno Freyja andò dalle sue *Stainmenschen*, ovvero quando volle ancora una volta partecipare alla fecondazione interna di esse, ossia nelle alte "trenta donne", «i 4 nani stavano forgiando otto *Goldenmenschen,* ed era quasi finito il lavoro».

In questa relazione, bisogna prima chiarire cosa significano gli otto *Goldenmenschen* in termini cosmotecnici. Da un punto di vista puramente ritmico, è facile vedere che ciascuna delle quattro sedi di gestione originarie si sforzava di stabilire due ulteriori sotto-uffici per i suoi compiti di gestione, così che le note dodici sedi di gestione divennero riconoscibili per Freyja per la prima volta. Con questo, Freyja aveva il compito di costruire nei suoi *Stainmenschen* gli organi corrispondenti, che potessero assorbire le influenze di queste, complessivamente 8 nuove sedi di gestione.

Le difficoltà che sono sorte per Freyja da questo compito sono menzionate in dettaglio nel mito della collana Brisinga. Cercheremo di chiarire queste difficoltà e i loro rimedi, ma prima di farlo dobbiamo cercare di dimostrare che cosmotecnicamente dodici, esattamente dodici, né più né meno, sedi di gestione dovevano essere stabilite nell'insieme. Poiché, una volta che Freyja aveva installato i necessari organi ricettivi nel corpo umano, c'erano 12 sedi di gestione, gli agenti coltivati della gestione della saggezza negli *Stainmenschheit,* ossia i Samanen, erano già in grado di stabilirlo. Dovevano quindi tenere conto di questo fatto, dovevano fare spazio al mitico 12 numero nell'essere di culto e lo fecero.

Ogni esperto di rune sa che Tyr è uguale a 12. Gli inizi del culto di Tyr, che in seguito fu ampiamente sviluppato e sempre più ricostruito e rinnovato, sono quindi da ricercare tra il popolo unisessuale degli *Stainmenschen.* Ma quali enormi periodi di tempo passarono prima che lo spirito umano riuscisse a scandagliare la causa cosmotecnica del numero 12 di sedi di gestione. Solo all'epoca del massimo sviluppo della scienza cosmotecnica, circa 12.000-13.000 anni fa, è nata la teoria del campo di forza della Terra, che ha permesso di riconoscere definitivamente la natura in dodici parti di questo campo di forza.

In breve, questa teoria si basa sul fatto che la Terra densa è circondata da 3 manti di materia fine, 3 manti corrispondenti ai 3 gradi di densificazione dei 4 elementi. I semi-diametri di questi mantelli sono stati riconosciuti nella serie di potenza del numero 2. Ponendo il raggio della terra R uguale a 1, il rapporto dei raggi R1, R2, R3, R4 era 1:2:4:8. I raggi tangenziali del Sole alla sfera terrestre e al mantello più interno di materia fine, particolarmente importante, si traducevano allora in punti di intersezione con il mantello medio e più esterno di materia fine, che, collegati al centro della Terra, tagliavano esattamente un dodicesimo del campo di forza terrestre. Come gli antichi arrivarono a questa teoria e con quali mezzi riuscirono a riconoscere i rapporti numerici di questo campo di forze sarà difficilmente accertabile. Il fatto è che, basandosi sull'angolo medio di 32° dei raggi che vanno dal sole alla Terra, risulta una sezione del campo di forza di 30°=360:12, come mostrato nel disegno allegato.[12]

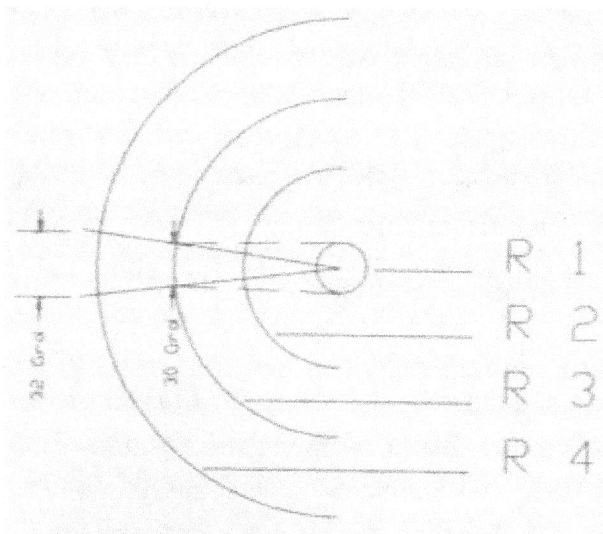

---

[12] Maggiori dettagli sulla vecchia teoria del campo di forza terrestre si possono trovare nella nostra pubblicazione: *Tyrkreis und Tattwas im Lichte wissenschaftlischer Forschung*, Emil Rüdiger, Verlag Herbert Reichstein, Pforzheim. [*Tyrkreis e Tattwas alla luce della ricerca scientifica*, pubblicato nel 1929, N.d.T.].

Poiché il cono dei raggi solari taglia così un dodicesimo del campo di forza della Terra, la dodicesima divisione del campo di forza della Terra sembra essere cosmotecnicamente giustificata.[13]

La correttezza della vecchia teoria del campo di forza terrestre dovrà essere indagata dalla scienza, ma anche se la scienza non dovesse essere in grado di confermare la sua correttezza, rimarrebbe il fatto che i Samanen riconoscevano già la natura dodecafonica della direzione come effettiva dal numero dodici di organi di direzione attivi nel corpo umano al tempo delle forme unisessuali degli *Stainkinder*, e che questo numero dodici di organi di direzione deve quindi essere biologicamente riconoscibile nel corpo umano. E si deve anche riconoscere che di queste 12 sedi di direzione, quattro sono più vecchie e otto più giovani.

Tra le alte trenta donne, poiché Freyja voleva partecipare alla fecondazione interiore degli *Stainkinder*, notò che i quattro nani stavano forgiando otto *Goldmenschen*. Nelle alte trenta donne, ossia dal 14 agosto al 15 settembre, il Sole transita sul percorso del circolo di Tyr da circa 23° Leone a 24° Vergine.

Su questo percorso, a 5° Vergine, si trova quel punto cosmico nel tempo che gli astrologi e i diagnostici oftalmici hanno riconosciuto come significativo per l'influenza ritmica annuale sulle gonadi. Pertanto, quando Freyja notò il lavoro di forgiatura dei quattro nani sugli otto *Goldmenschen* in questo momento, significa che le quattro potenze gestionali eteree, che avevano costruito i quattro organi gestionali più vecchi e che ora li affidavano continuamente, avevano già preparato in quel momento gli otto organi gestionali più giovani per il corpo umano in materiale fine e che stavano appena iniziando a costruire gli otto organi gestionali più giovani in materiale denso, corrispondenti alle forme in materiale fine già

---

[13] Vedere il lavoro del Dr. Pölt, *Der Schalenstein von Tantegert* [*La ciotola di pietra di Tantegert*, N.d.T.], Innsbruck. Ecco un'approssimazione del nome della pietra ai raggi tangenziali del Sole.

completate.

Naturalmente, Freyja fu così obbligata a incorporare immediatamente gli archetipi di questi nuovi organi di gestione nei geni che si stavano formando nelle gonadi. Tuttavia, come riporta il mito, ci sono state notevoli difficoltà nel farlo. La nanizzazione a 4 parti, che affidava le 4 antiche sedi di gestione, era subordinata a Freyja i nani erano servitori delle potenze cosmiche della creazione, le quali dovevano adempiere ai loro compiti sui singoli organi umani speciali, mentre Freyja, la Madre della Vita, era responsabile dell'intera elevazione fisica dell'umanità. Quando, intorno al 228.000 a.C., il nostro Sole attuale aveva raggiunto completamente la posizione centrale nel nostro ordine solare, il campo di forza in dodici parti, che da allora circonda la Terra, apparve per la prima volta, se la vecchia teoria del campo di forza terrestre è corretta, e questo campo di forza in dodici parti richiedeva anche una gestione in dodici parti.

La nomina di altre 8 sedi di gestione per completare le 4 esistenti era una questione cosmotecnica in cui Freyja non era coinvolta. Capiamo quindi che questa espansione delle sedi di gestione l'ha colta di sorpresa. Poiché i servitori delle 8 nuove sedi di gestione dovevano doverosamente iniziare immediatamente a preparare i propri organi nel corpo umano per la ricezione delle loro trasmissioni sotto la guida delle vecchie nanizzazioni a quattro parti, essi intervenivano così nell'area di lavoro della Madre della Vita e la confrontavano con il compito di inserire questi nuovi organi nel corpo umano costruito fino a quel momento in modo significativo e propositivo.

Questa classificazione non è stata per niente facile da realizzare visto il gran numero di nuovi organi, 8 nuovi rispetto a 4 esistenti. Soprattutto, bisognava assicurarsi che i nuovi organi avessero un posto di lavoro adeguato senza compromettere gli effetti degli organi precedenti. Questa assegnazione di posti di lavoro agli 8 nuovi organi di gestione era ancora relativamente facile da realizzare per la Madre della Vita, poiché la loro disposizione doveva essere già predeterminata da luoghi di esistenza superiori e creativi; i nuovi organi di gestione e i loro posti nel corpo umano potevano solo corrispondere a un piano del Creatore ben pensato e chiaramente riconoscibile. La grande difficoltà per la sua esecuzione derivava dal fatto che da un lato (per quanto riguarda la costruzione degli organi stessi) i servi delle nuove 8 sedi erano responsabili della gestione sotto la guida della nanizzazione quadripartita, e dall'altro (per quanto riguarda la sistemazione degli organi) la Madre della Vita.

Quando due corpi esistenziali devono lavorare a uno stesso compito, è sempre una cosa imbarazzante, perché ognuno di loro considera la sua sfera di doveri superiore, le sue realizzazioni come preminenti; questo è altrettanto vero nel cosmico come nel terrestre, era altrettanto vero 1/4 di milioni di anni fa come oggi. I servi delle sedi di gestione e Freyja non erano quindi d'accordo. Dei nuovi nani, inoltre, ognuno vedeva l'organo di gestione da costruire da lui come il più urgente, ognuno pretendeva da Freyja vasi, nervi e materiali da costruzione per il suo organo, senza riguardo per gli altri organi da costruire e senza riguardo per l'insieme. Freyja, invece, che doveva occuparsi dell'insieme, non guardava per il momento né a questo né a quel particolare organo, ma solo alle misure che applicava per portare i nuovi 8 organi di gestione nel circolo chiuso dell'ordine della collana in aggiunta ai 4 già esistenti.

Il significato di questo sforzo è chiaramente riconoscibile. Se guardiamo l'asse: Sole–Terra–contro-sole: le 12 parti del cerchio terrestre di Tyr sono chiaramente e inalterabilmente fissate contro questo asse. Ogni punto della superficie terrestre si muove ritmicamente in una sequenza ordinata attraverso tutti i 12 campi magnetici nel corso di un giorno come risultato della rotazione terrestre.

Il primissimo compito di Freyja fu quindi quello di creare un percorso chiuso nell'organismo umano, lungo il quale qualcosa che si potrebbe forse chiamare il centro di gravità della vita deve muoversi nel corso di una giornata, e questo percorso doveva essere in 12 parti, proprio come il campo di forza magnetico, ovverosia doveva avere i 12 organi di gestione come luoghi di passaggio. Solo quando Freyja era riuscita a preparare questa orbita chiusa per il "centro di gravità della vita" nel grande corso della sequenza dei campi di forza magnetici e quindi a stabilire nel microcosmo del corpo umano la base dello stesso ordine cosmico che prevale nel macrocosmo della Terra, poteva permettere la costruzione dei singoli nuovi 8 organi di gestione, vasi di rilascio, condotti nervosi e materiali di costruzione per questo a disposizione dei nani.

Tuttavia, finché non aveva finito la sua preparazione cosmotecnica del "cammino della vita", non le era permesso di far costruire i nani, ed è per questo che la mistica dice che «imponeva a ciascuno la stessa notte del suo sé».

Lasciandoli sviluppare nel bene e nel male in questo modo, li ha poi conquistati per essere incorporati ai quattro "benedetti". E quando tutti questi finalmente tornarono in sé, «liberò Freyja per la chiusura della collana».

Questo racconto mitico mostra che Freyja dovette prima stabilire lei stessa l'ordine cosmico tra i servi delle 4 e 8 sedi di gestione, poiché l'ordine non era affatto facilmente raggiungibile, ma piuttosto richiedeva l'imposizione di mezzi di forza per inibire temporaneamente la capacità di agire dei nani, e che i nani dovettero anche evolversi in meglio o peggio prima che lei unisse i servi delle 8 nuove sedi di gestione con i servi benedetti delle 4 vecchie sedi di gestione per formare l'ordine cosmico.

Solo allora, quando la mente di tutti, ossia la mente per la cooperazione regolata cosmicamente, era in linea, liberò Freyja per la chiusura della collana, ovvero per la costruzione degli 8 nuovi organi di gestione nell'uomo.

Non vogliamo passare da questo passaggio del racconto mitico senza fare riferimento agli sviluppi della vita (corporale) umana, e ciò ci sembra adatto per illustrarli. Noi moderni possiamo a malapena immaginare gli esseri in combustibile fine, ancor meno le inibizioni temporanee sotto le quali possono svilupparsi nel bene e nel male, ma capiamo molto bene che, se ci sono degli esseri in combustibile fine che lavorano alla costruzione e al mantenimento del corpo umano, devono lavorare insieme in modo cosmicamente regolato, perché altrimenti i nostri corpi dovrebbero soffrire costantemente sotto la mancanza di regolazione dei loro aiutanti cosmici, o non potrebbero esistere affatto.

Per quanto riguarda le inibizioni che Freyja ha imposto ai nani come "notte del suo sé", bisogna ricordare che, per esempio, il bambino nel grembo materno respira attraverso le branchie con i polmoni dal momento della nascita, o che la ghiandola di Tyr funziona nel bambino fino all'inizio della maturità sessuale, la quale si ritira all'inizio di questa maturità, mentre allo stesso tempo le ghiandole sessuali cominciano a funzionare. Da questi e altri fatti generalmente conosciuti è evidente che il principio che presumibilmente ha operato 1 milione e mezzo di volte in modo pianificato sullo sviluppo del corpo umano ha ordinato la costruzione e la conferma di vari organi di gestione in diversi periodi di sviluppo, che certi organi di gestione, che fino a circa 228.000 a.C. svolgevano le attività più importanti nel corpo degli *Stainmenschen*, hanno poi perso la loro importanza, mentre altri hanno guadagnato in importanza dal 228.000 a.C. o hanno solo iniziato a svilupparsi del tutto.

Qui abbiamo un'illustrazione evidente del fatto che — e come — Freya, imponendo la sua notte a certe sedi di gestione, le faceva sviluppare in meglio o in peggio, e noi dobbiamo essere in grado, con l'aiuto della biologia e della psicologia, di accertare almeno approssimativamente in quale ordine questi sviluppi e regressioni d'organo hanno avuto luogo e di trarne delle conclusioni sulle trasformazioni di gestione che le gestioni stesse, o i loro uffici, hanno subito nel corso delle grandi tappe di sviluppo. In questo modo, il mito e la scienza diventerebbero ancora una volta quella grande unità spirituale che educa l'umanità, come fu concepita già 12.000-13.000 anni fa da pensatori eccezionali, specialmente dal fondatore dell'*Edda*, Hjalmar il Vecchio, e la sua scuola su Atlantide, così come da Kalaos e la sua scuola nel Caucaso, e ulteriormente sviluppata dalla Scuola Cosmotecnica di Goslar dal 10.000 a.C. fino a quando fu finalmente sviluppata al suo più alto livello dal Germanico "Teut il Giovane" (Thod-Hermes) — Tauth — intorno al 4.000 a.C., da cui tutte le scuole di cosmotecnica hanno insegnato da allora.

«Quando le menti di tutti (servitori delle sedi di gestione) si sono finalmente riunite, ha liberato Freyja per la chiusura della collana.»

Deve essere stata una ricostruzione tremenda, profonda, probabilmente la più significativa di tutto lo sviluppo del corpo umano, di cui il mito riferisce qui. L'erezione della colonna vertebrale, il raggiungimento della postura umana, la formazione della laringe come parte degli organi sessuali, le aggiunte più importanti al cervello e all'intero sistema nervoso, questi sono solo alcuni dei cambiamenti particolarmente impressionanti che il corpo umano ha subito in quel periodo. Ma cos'altro è stato appena creato o modificato, riorganizzato nel nostro corpo in quel momento, che la scienza può ancora oggi determinare in parte.

Dal punto di vista cosmotecnico, ciò che più ci affascina di quella ricostruzione è la "chiusura della collana", la creazione di un'orbita chiusa per il centro di gravità della vita. È proprio in questo senso che gli attuali studenti di cosmotecnica hanno prodotto un lavoro che ci sembra degno della massima considerazione.

Dai ricchi risultati di questo lavoro vogliamo dare qui due messaggi. Uno si riferisce ai luoghi di passaggio del percorso della vita nel corpo umano. Una comunicazione si riferisce ai luoghi di passaggio del percorso di vita nel corpo umano. Questi formano la struttura portante della moderna diagnosi oculistica cosmotecnica occidentale, che è stata promossa in modo eccezionale da Hermann Vonhof, Erfurt. Sulla base della sua ricerca, si possono identificare i seguenti punti di passaggio del percorso della vita:

♈ Ariete — Centro di movimento nel cervello.

♉ Toro —Cervelletto, midollo allungato.

♊ Gemelli —Orecchio, spalla, collo laterale, polmone superiore.

♋ Cancro —Polmone medio, pleura, (petto) costole vere.

♌ Leone —Costole false, braccia, milza, diaframma.

♍ Vergine —Ovaie, peritoneo inferiore.

♎ Bilancia —Ghiandole inguinali, gambe (dall'Ariete alla Bilancia il corso della vita nel corpo umano è discendente, dalla Bilancia di nuovo all'Ariete, ascendente) rene, ghiandola surrenale.

♏ Scorpione — Ano, retto, testicoli, pene e utero.

♐ Sagittario — Vescica, coccige, lombi, parte bassa della schiena.

♑ Capricorno — Schiena superiore, scapole, tiroide, esofago, laringe, tonsille.

♒ Acquario — Mascella inferiore, lingua, mascella superiore, naso.

♓ Pesci — Occhio, fronte, tempia, centro di memoria nel cervello.

Qui stiamo semplicemente elencando le parole chiave; dobbiamo lasciare una descrizione esatta del percorso di rotazione del centro di gravità della vita al ricercatore menzionato.

L'altra informazione è tratta da una pubblicazione di un cosmo-tecnico Indiano, Ra'ma Prasa'd, *Die feineren Naturkräfte*, Leipzig, Verlag Max Altmann, 1929, che descrive il cammino della vita come linee tra certi centri di vita. I nervi e i vasi sanguigni vengono presi in considerazione come tali condotti, ossia i nervi come condotti della forza vitale positiva solare, i vasi sanguigni come condotti della forza vitale negativa lunare.

(In estratti, Ra'ma Prasa'd esprime: dove ci sono nervi, ci sono anche vasi sanguigni corrispondenti, alcuni che hanno come centro il loto a quattro foglie del cuore, altri il loto a mille foglie del cervello. Il sistema vascolare è un'immagine esatta del sistema nervoso, solo un'ombra, per così dire. Come il cuore, il cervello ha le sue metà superiori e inferiori, il grande e il piccolo cervello, e i suoi lati destro e sinistro. I nervi che corrono ai due lati del corpo e ritornano da lì, insieme a quelli che devono alimentare le parti superiori e inferiori del corpo, corrispondono ai 4 petali (camere e vasi) del cuore. Anche questo sistema ha tanti nervi come il primo. I centri dei due sistemi coincidono nei punti dei plessi nervosi. In questi punti, la forza vitale solare positiva dei nervi incontra la forza vitale lunare negativa dei vasi sanguigni).

Prima di continuare nella riproduzione delle pubblicazioni Prasa'diche, vorremmo commentare brevemente i termini: forza vitale positiva-negativa. In questo senso, l'attuale scienza dello studio delle forze ha una lacuna che deve prima essere colmata. La scienza di oggi si occupa solo di una metà della scienza delle forze, si occupa solo delle forze motrici della dimensione:

$$(g^{+1} \, cm^{+1} \, sec^{-2})$$

e ha lasciato la ricerca delle forze difficilmente accessibili delle dimensioni inverse:

$(g^{-1} \, cm^{-1} \, sec^{+2})$

che sono state finora trascurate. Dovremo fare uno sforzo per colmare questa lacuna nella scienza delle forze di oggi in un lavoro fondamentale dettagliato sui 4 elementi della scienza antica e a questo punto ci riferiamo solo al fatto che la forza vitale positiva è da intendersi come motore-eccitante e mobile, la negativa come modellante organicamente determinante. Ora abbiamo già fatto riferimento al fatto che le forze motrici del sistema solare hanno origine dal sole, le forze formatrici dal contro-sole.

I termini "solare e lunare" usati da Prasa'd devono quindi essere intesi come segue:

Forze solari-motoriche di formazione solare, forze contro-solari di formazione lunare.

Questi ultimi, però, si chiamano lunari perché, come abbiamo già mostrato in precedenza, sono legati al ciclo della luna, che ha una relazione più stretta con l'orbita del Santur che corre perpendicolare all'eclittica. Nel prosieguo delle sue spiegazioni Prasa'd chiama poi i centri della metà destra del corpo solari e quelli della sinistra lunari. Continua poi in altri luoghi: le 4 foglie del loto del cuore si ramificano in 12 linee (circolo di Tyr), allo stesso modo il cervello ha 12 paia di nervi.

Questi sono i 12 segni del circolo di Tyr nelle loro fasi negative e positive. In ogni segno il Sole sorge e tramonta 31 volte. Abbiamo quindi 31 coppie di nervi (nel midollo spinale). Ovunque le 31 coppie di nervi del midollo spinale, collegate con le 12 coppie di nervi del cervello, attraversano il corpo, troviamo, fianco a fianco con loro, i vasi sanguigni che nascono dai 12 condotti del cuore. L'unica differenza tra i circuiti del cuore e quelli del midollo spinale è che i primi corrono in senso longitudinale, i secondi attraverso il corpo. I nervi simpatici sono costituiti da una serie di centri. Questi si trovano in tutti i 31 cerchi menzionati sopra. Così dai 2 centri d'azione, il cervello e il cuore, si diramano i segni del circolo di Tyr con il loro aspetto positivo e negativo, un sistema di condotti. Le linee dei due centri si incastrano in modo tale che spesso corrono fianco a fianco. I 31 cerchi del midollo spinale appaiono e corrispondono alle 31 albe, e quelli del cuore ai 31 tramonti del circolo di Tyr.

Solo la forza vitale circola in questo sistema di condotti. Quando il Sole entra nel segno dell'Ariete nel macrocosmo, la forza vitale va nei nervi corrispondenti del cervello. Da lì scende ogni giorno verso il midollo spinale. All'alba entra nel primo cerchio spinale del lato destro. Continua a fluire attraverso i nervi del lato destro, entrando gradualmente nei vasi sanguigni allo stesso tempo. Verso mezzogiorno, la forza vitale è più forte nel circuito nervoso che in quello venoso. A mezzogiorno entrambi hanno lo stesso potere. La sera, al tramonto, la forza vitale è passata con tutta la sua forza nei vasi sanguigni. Da lì prende la via del cuore, il centro negativo. Da lì si riversa nei vasi sanguigni del lato sinistro, dai quali passa gradualmente nei nervi, e poi a mezzanotte la forza si distribuisce uniformemente tra questi e i vasi sanguigni. Al mattino la forza vitale ha appena raggiunto di nuovo il midollo spinale e da lì inizia il secondo ciclo. È così che procede il ciclo solare della forza vitale.

La Luna crea altrettanti cicli, ma più piccoli. La Luna si muove intorno alla Terra circa 12 volte fino a girare una volta intorno al sole. Pertanto, la Luna passa anche attraverso altri 12 cerchi, mentre il Sole ne passa uno, ossia durante un giorno e una notte. Così in 24 ore dobbiamo anche osservare 12 cambiamenti della forza vitale, e questo per l'influenza della Luna. Supponendo che anche la Luna inizi il suo ciclo in Ariete, inizia anche il suo ciclo in Ariete, inizia anche nel primo cerchio del midollo spinale e prende 58' e 4" dal midollo spinale al cuore e altrettanto dal cuore al midollo spinale. Così tanto per Ra'ma Prasa'd. Le sue spiegazioni non corrispondono alle esigenze di chiarezza e precisione scientifica occidentale, contengono anche una ricchezza di riferimenti ad ulteriori relazioni, che volutamente omettiamo per non compromettere ancora di più la comprensibilità, in ogni caso, anche nella forma riprodotta, altamente imperfetta, forniscono un sentore della collana chiusa di Freyja costruita nel corpo umano, che costringe all'inevitabile sincronizzazione cosmotecnica del microcosmo umano con il macrocosmo del nostro sistema solare.

C'è un'altra cosa che dobbiamo osservare sul resoconto dato dell'orbita della vita: che si applica all'attuale essere umano bisessuale e non all'essere umano unisessuale come veniva selezionata da 228.000 a 84.000 anni a.C. Sotto l'influenza di un'altra luna con un ritmo del tutto diverso, divisa inoltre in due razze così dissimili tra loro, la traiettoria della vita dell'umanità di allora doveva essere molto diversa da quella dell'umanità di oggi.

Certo, non ha molto valore lamentarsi di cose che sono state a lungo, che possono essere esaminate solo in modo incerto sull'obiettivo stesso, ma poiché lo sviluppo umano di quei 144.000 anni era anche organicamente costruito nel corpo umano e deve essere in qualche modo contenuto in esso, vorremmo anche fare riferimento a un fatto che Ra'ma Prasa'd rende noto. Nel vecchio manoscritto, di cui Prasa'd pubblica la traduzione, i versi da 31 a 33 si leggono così:

31) Dall'ombelico 72.000 linee si estendono su tutto il corpo.

32) Nell'ombelico riposa il potere Kundalini, dormendo come un serpente da lì partono 10 linee verso l'alto e 10 verso il basso.

33) Due e due delle linee vanno di traverso, quindi sono 24 in numero. Quindi le 10 più importanti sono le 10 linee in cui le 10 forze sono attive.

(Prestare attenzione al ciclo giornaliero di 24 ore.)

Prasa'd stesso non conosce la spiegazione di questi versi poco chiari e contraddittori, ma osserva questo: gli yogi considerano l'ombelico come il punto di partenza del sistema delle linee. Patanjali, il grande filosofo dice: «Il sistema del corpo si conosce concentrandosi sull'ombelico». D'altra parte, i Vedānta considerano il cuore come il punto di partenza del sistema. Il primo dà come ragione della sua assunzione l'esistenza della forza Kundalini nell'ombelico, gli altri l'esistenza di un'anima nel cuore, e Lingam Atna' la vita reale del corpo materiale. Questa "anima", tuttavia, è immateriale. Possiamo prendere come punto di partenza quello che vogliamo, se solo comprendiamo la posizione del principio vitale e le sue varie manifestazioni. La forza Kundalini dorme nell'organismo sviluppato, è la forza che (nel nascituro) attira a sé la materia grossolana dell'organismo materno attraverso le vene ombelicali e la distribuisce nei vari luoghi dove poi la forza vitale seminale dà loro forma.

Quando il bambino si separa dalla madre, la forza (Kundalini) viene messa a riposo, non è più necessaria. A seconda della forza della Kundalini, essa viene messa a riposo, non è più necessaria. A seconda della forza della Kundalini, si formano le dimensioni del corpo del bambino. Si dice che certe pratiche degli yogi siano in grado di risvegliare la Dea dormiente anche nell'organismo sviluppato. Da queste spiegazioni di Prasa'd pensiamo di poter dedurre le seguenti osservazioni.

Lo stadio di sviluppo dell'umanità dal 228.000-84.000 a.C. si riflette nel corpo del nascituro, e anzi nel corpo del bambino probabilmente dell'ultimo periodo dalla nascita. Per questo, l'ombelico è il punto d'ingresso della forza vitale, e attraverso la sua connessione con l'ombelico, il bambino non ancora nato possiede effettivamente il potere magico della Kundalini. L'anima creativa del nascituro deve solo desiderare ciò di cui ha bisogno per la costruzione e il nutrimento del corpo, e immediatamente tutto ciò che è stato desiderato fluisce attraverso il cordone ombelicale, senza che il corpo stesso del bambino abbia a che fare con l'ambiente. Come sappiamo da innumerevoli fiabe e leggende, questo potere magico Kundalini, o il potere desiderante dell'anima del bambino non ancora nato, occupava l'immaginazione umana più vividamente nei tempi antichi; era ed è quindi ancora oggi ricercato avidamente da maghi e yogi.

Si dice che certe pratiche yogi siano capaci di risvegliare la dea dormiente anche nell'organismo sviluppato, come abbiamo già detto sopra. Ma questo potere del Kundalini non piace più a noi occidentali di oggi, perché dobbiamo, vogliamo e possiamo occuparci dell'ambiente. D'altra parte, ci sembra significativo in termini di storia dello sviluppo che gli yogi, quando si concentrano sull'ombelico, vedono solo due volte 10 linee che emanano da esso, anche se nel corpo umano di oggi ci sono due volte 12, come afferma il verso 33. Supponendo che questa informazione sia corretta, la natura in 10 parti della rete ombelicale suggerirebbe che da circa il 228.000-84.000 a.C., solo una gestione in 10 parti era attiva negli esseri umani. Tuttavia, questo sarebbe contraddetto sia dal rapporto esplicito del mito, secondo il quale Freyja combinava quattro e otto sedi di gestione in un ordine chiuso, sia dal fatto fisico dei 12 campi di forza del circolo di Tyr nello spazio terrestre. La soluzione della contraddizione potrebbe essere vinta dal riferimento alle due razze, poiché gli *Stainmenschen* pensavano solo concretamente, i Kymri solo astrattamente, 2 certe sedi di gestione possono essere state coinvolte nella prima, 2 altre sedi di gestione possono essere state non coinvolte nella seconda, mentre tutte le 12 sedi di gestione erano attive nell'umanità totale.

Con questo presupposto, però, abbiamo già anticipato il corso della nostra indagine, dato che finora la conversione degli *Stain-*

menschen per i compiti della nuova gestione in 12 parti ci è stata riferita solo dalla relazione del mito. Si rimedia quindi a questo facendo notare che i Kymri sono stati creati per la prima volta solo dopo l'istituzione della gestione in 12 parti, e quindi non hanno avuto bisogno di essere modificati per i nuovi compiti della gestione, ma sono apparsi come "la" creazione della nuova gestione. Ma poiché la creazione di questa nuova razza richiedeva anche esattamente la stessa preparazione della "collana Brisinga" chiusa che richiedeva la ricostruzione della vecchia razza, dobbiamo concludere che la nuova razza poteva apparire solo dopo che il principio della rigenerazione fisica del genere umano, Freyja, aveva chiuso la collana Brisinga. È quindi abbastanza corretto quando il mito riporta che Freyja andò dai suoi *Stainkinder* per chiudere la collana. Solo quando gli *Stainmenschen* si convertirono alla nuova gestione, la gestione descritta in precedenza poté così entrare in bambini dell'estate (Stain-Lemuri) e bambini dell'inverno (Kymri).

Ora è riportato nel mito che Freyja sacrificò "oro" — qualità essenziali della sua felicità dell'esistenza, "argento", — importanti capacità di direzione della meta del suo genere e preziosità, ricordi della sua origine macrocosmica, quando chiuse la collana, in quanto e in che modo questo sacrificio di Freyja divenne "carne", forma umana, nei 3 gradi del recinto umano nobile kymrico. In considerazione di questi grandi sacrifici di Freyja e del risultato così ottenuto, che ha raggiunto la forma nei 3 gradi del cortile umano primordiale, in considerazione di tutta la differenza fisica così come spirituale della nobiltà primordiale dei Kymri in confronto agli *Stainmenschen*, vorremmo esprimere la congettura che il cammino della vita è stato costruito nella nobiltà primordiale in modo diverso dagli *Stainmenschen*.

La ragione di questa supposizione è che negli scaldi Nordici si coltiva la tradizione dell'esistenza di tre percorsi di vita nel corpo umano di oggi, di cui però solo un percorso di vita, ovvero quello descritto da Hermann Vonhof, è generalmente attivo, mentre gli altri due rimangono generalmente inattivi nell'umanità di oggi. Poiché le 3 vie della vita hanno all'incirca la forma di montagne russe sviluppate spazialmente, gli scaldi Nordici le chiamavano i "3 otto" nell'uomo, ossia quello oggi generalmente attivo come il "grande otto", quello preferito dagli yogi, che parte dall'ombelico, per la sua posizione bassa, come l'"otto profondo" e quello preferito dagli scaldi, che rimane nel cervello, per la sua posizione alta, come l'"otto alto". Siamo propensi a pensare che l'otto basso sia stato costruito nello *Stainmensch* dalla chiusura cervicale di Freyja, e l'otto alto nel Kymri. Questa differenza nelle traiettorie di vita fornirebbe, a nostro parere, una giustificazione organica sufficiente per la differenza netta riportata tra le due razze. Per il resto, torneremo ai tre otto e alle loro connessioni con lo sviluppo dell'umanità nel corso della nostra indagine.

Come il prossimo grande cambiamento cosmotecnico nel nostro macrocosmo, il mito della collana Brisinga descrive il furto del collare da parte di Loki. Abbiamo già spiegato in altri luoghi che qui ci troviamo di fronte a un intervento decisivo della gestione e che l'influenza della direzione sull'Umanità è stata notevolmente diminuita dall'intervento della gestione, e ora vogliamo esaminare qui cosmotecnicamente tutto ciò che possiamo raccogliere dal mito in questo senso.

A questo proposito, un rapporto molto poco appariscente nel mito è particolarmente significativo. Dopo che Odhinn aveva dato a Loki l'ordine di non tornare finché non avesse vinto la collana, si dice che Loki si allontanò con un sospiro e che la maggior parte degli uomini si sentì a proprio agio quando Loki «se ne andò per un po'». Questo resoconto è cosmotecnicamente incomprensibile, poiché abbiamo spiegato Loki come una personificazione dei raggi del contro-sole e del Santur provenienti dalla luna piena, in modo che Loki non avrebbe potuto allontanarsi un poco finché la Luna, il contro-sole e il Santur girassero nelle loro orbite prescritte.

Ad ogni modo, il racconto mitico si illumina in un modo completamente diverso quando si aggiunge che, secondo la tradizione orale scaldica, intorno all'84.000 a.C. la Terra catturò una nuova luna che ancora orbita intorno a noi e che quindi, per presumibilmente circa 50.000 anni, 2 lune furono attigue alla nostra Terra. Due lune rappresentano due campi di forza per l'efficacia degli Asi, e poiché la direzione aveva destinato la vecchia luna (Febo) a perire, miticamente doveva nascere l'idea che la direzione avrebbe iniziato un reinsediamento almeno parziale degli Asi dalla vecchia alla nuova luna subito dopo la cattura della luna. Cosmotecnicamente, lo esprimeremmo in modo tale che attraverso l'apparizione di una nuova luna, l'effetto precedente della vecchia luna sperimentasse delle perturbazioni, che potrebbero benissimo essere sentite come se Loki si fosse "allontanato un po'", il che naturalmente potrebbe far "sentire bene" tutti gli *Stainkindern* determinati nonlokianici, ma soprattutto i Vani.

Da un punto di vista cosmotecnico, naturalmente ci interessa poco se la cattura della nuova luna ha reso gli uomini temporaneamente agiati o disagiati, ma da un punto di vista cosmotecnico, si pone la questione importante di quali conseguenze organiche la comparsa di una seconda luna accanto a quella vecchia ha dovuto produrre nell'Umanità. Questa domanda appare particolarmente significativa alla luce della comunicazione Prasa'dica, che attribuiva ai raggi lunari una forza vitale negativa, ossia formativa, se si tiene presente che con ogni probabilità la distanza delle due lune dalla Terra era ineguale e quindi il ritmo delle loro orbite e fasi lunari doveva essere diverso. Sulla base di questa considerazione, la questione dell'influenza organica delle lune terrestri coesistenti sul corpo umano è stata spinta nel campo del bioritmo, per cui la scienza è stata sufficientemente informata da Fliess in poi.

Infatti, l'interazione di due bioritmi è stata perfettamente stabilita durante tutta la vita terrena, un bioritmo femminile di 28 giorni e un bioritmo maschile di 23 giorni; sicché, la connessione del bioritmo femminile di 28 giorni con la luna attuale è inconfondibile. Per il bioritmo di 23 giorni, d'altra parte, non si è conosciuta una causa sufficiente. Qui, nella tradizione della giustapposizione di due lune, si dà la possibilità di una tale realizzazione. Dobbiamo solo supporre che la nuova luna, dalla sua completa cattura, aveva un ritmo di 28 giorni, che si conserva ancora oggi, mentre la vecchia luna aveva un ritmo di 23 giorni a quel tempo, e che la vecchia luna deve aver avuto questo ritmo per molti decine di migliaia di anni, forse anche per centinaia di migliaia, prima di deviare dalla sua orbita e avvicinarsi alla Terra in spirali sempre più rapide e bruscamente strette, sulle quali alla fine è collassata — presumibilmente nel tempo del 34-32.000 a.C. Anche la memoria della sua precedente influenza di vita sarebbe stata persa nel periodo maschile di 23 giorni di vita.

Ma non solo il periodo molto nascosto della vita maschile, tutto il genere maschile è un monumento vivente di questo compagno della Terra e metro del ritmo di vita da tempo scomparso. Perché erano esseri unisessuali che, dalla nascita della luna, avevano improvvisamente due lune, due bioritmi, e ognuna delle due lune aveva un effetto di formazione della vita. Due lune in competizione per influenzare la vita richiedevano, affinché i loro effetti non fossero distruttivi, una netta separazione delle loro sfere d'influenza, ovverosia l'assegnazione cosmica dei diversi organi del corpo umano. E questa separazione delle sfere d'influenza, secondo l'antica tradizione, assegnava la laringe e il cervello alla vecchia luna e gli organi riproduttivi alla nuova luna, così che come risultato delle diverse posizioni reciproche della luna nei tempi del concepimento e della conseguente preponderanza della nuova luna e della vecchia luna, gli organi riproduttivi in una parte degli esseri umani unisessuali e la laringe e il cervello nell'altra subirono profondi cambiamenti.

Queste trasformazioni sollecitarono rapidamente un'altra divisione continua dell'Umanità, in quella dei sessi. Gli esseri umani che sono stati concepiti sulle impressioni prevalentemente vigorose della luna nuova hanno mostrato un atteggiamento principale verso il ritmo femminile di 28 giorni e hanno sviluppato gli organi speciali per il concepimento all'apparato di costruzione che rimane loro. In questo modo si sono impadroniti del lavoro principale della procreazione, mentre le persone che sono state concepite sotto le influenze prevalentemente potenti della vecchia luna hanno mostrato un atteggiamento principale verso il ritmo di vita maschile di 23 giorni, hanno sviluppato gli organi della procreazione al posto dell'apparato di formazione che stava appassendo in loro, e hanno cominciato a ricostruire il cervello e la laringe, in modo che il lavoro principale dello sviluppo logico linguistico dell'umanità è ricaduto su di loro. Nel complesso, la trasformazione della forma umana unisessuale in donna è stata più breve di quella in uomo, perché la donna con i suoi organi principali è rimasta più vicina alla forma umana unisessuale che l'uomo, nel quale si è atrofizzato molto di più e si è dovuto costruire molto di più. Il fatto che da un lato la femmina è la principale portatrice della riproduzione e che dall'altro la vecchia luna, che al tempo della divisione dei sessi ha fatto emergere il sesso maschile, da allora è perita, ha spinto gli antichi a supporre che l'intero sesso maschile fosse solo un fenomeno transitorio, che sarebbe scomparso di nuovo dopo aver adempiuto al suo compito nel piano di sviluppo dell'umanità, mentre l'attuale forma femminile, dopo il risveglio degli organi corrispondenti, attualmente dormienti, si sarebbe sviluppato in una nuova forma umana unisessuale. Di conseguenza, l'ultima, decisiva tappa dello sviluppo sarebbe quella che non è gravata da una divisione di esseri sessuali unilaterali e per la quale la gestione in razze, che ha oggi un tale effetto inibitorio, non sarà quindi più un peso.

La divisione dei sessi colse entrambe le razze, *Stainmenschen* e Kymri, e per quanto riguarda la procreazione ebbe come conseguenza che al posto della precedente concezione derivante da processi interiori, ebbe luogo l'unione sessuale dell'uomo e della donna. Per quanto riguarda i tempi di concepimento, invece, nulla era cambiato; anche dopo la separazione dei sessi, questi rimasero per il momento completamente regolati cosmicamente, ovverosia l'uomo e la donna non si univano a discrezione dell'uomo, quando e quanto spesso gli conveniva, ma solo all'ora del bramito cosmicamente determinata.

Sappiamo dagli animali soggetti all'accoppiamento che non sono in grado di unirsi al di fuori della stagione dell'accoppiamento e possiamo quindi immaginare molto bene lo stesso con i primi esseri umani bisessuali. Possiamo quindi anche supporre che la loro nascita fosse altrettanto rapida e indolore, come possiamo osservare ancora oggi in molti animali. A quel tempo, tutto il settore della riproduzione era ancora completamente soggetto alla gestione, che regolava sempre tutto in modo così armonioso e senza disturbi, e quindi così piacevole per l'uomo. Ma la direzione si pone ora come avversario della gestione, con il doloroso compito di contrastare la gestione in molti modi attraverso lunghi eoni, di turbare l'armonia della creazione, l'ordine cosmico e quindi la piacevole esistenza umana in condizioni paradisiache. Nel mito della collana Brisinga, Loki si avvicina al cortile del nobile e genera l'opposizione; nel mito biblico, è il serpente che si avvicina ad Eva e provoca la seduzione. Se guardiamo entrambi i miti insieme, arriviamo alla realizzazione di uno stadio di sviluppo che possiamo descrivere come lo sfondamento della stretta regolamentazione della procreazione cosmica da parte dell'Eros che si risveglia. Ma poiché l'umanità degli *Stainmenschen* vive ancora per lunghi periodi di tempo la procreazione regolata cosmicamente, e gli *Stain-*

menschen rimangono eroticamente completamente spenti, tranne che durante la stagione degli amori, l'istinto sessuale si risveglia nel cortile dell'uomo nobile con una forza devastante non appena è diventato bisessuale, e nel recinto dell'uomo nobile si impadronisce prima della donna. Fu dunque la donna aristocratica a portare la prima rivoluzione sulla Terra, che, consapevole del suo potere erotico, insegnò a se stessa ad abbracciare la gestione, non solo per il bene della procreazione, ma anche per il piacere di essa.

Sappiamo che l'organo di blocco di Freyja nell'occipite destro si opponeva a questa rottura della regolazione procreativa cosmica e che quindi era necessario un trattamento della volontà per superare questo organo di blocco, e ora capiamo perché i primi uomini nobili, che si unirono in un rapporto sessuale erotico, secondo la tradizione erano fratelli corporei, figlia e figlio di uno stesso antenato unisessuale, invocarono Loki, il divisore, ossia la luna piena per sostenere la loro svolta, così che il primo rapporto sessuale ebbe luogo con la luna piena...

Nei tempi passati, le conseguenze di un rapporto sessuale lussurioso erano spesso percepite come una maledizione, gravate dal peccato originale, espulse dal paradiso, condannate a una costante inimicizia con il potere divisorio, maledette a un costante bisogno di piacere e al conseguente dolore fisico e mentale, maledette a parto doloroso, e maledette al lavoro senza gioia in campi maledetti: «Con dolore vi pascerai per tutti i tuoi giorni, spine e cardi ti porteranno, col sudore del tuo viso mangerai il tuo pane, finché tu ritorni alla Terra da cui sei stato tratto.»

Per molto tempo, questo è stato l'atteggiamento con cui si è pianto la "prima caduta", nel senso della mistica biblica. Il mito nordico della collana Brisinga, naturalmente, non conosceva questo meschino lutto umano, perché vedeva la causa e lo scopo del mito, perché per lo scopo affermava tutte le conseguenze per l'umanità con una tale auto-evidenza che non pensava valesse la pena di dire una parola su di esso.

È chiaro che il cosmotecnico adotta solo l'atteggiamento del lungimirante e profondo mito Nordico, ma non è meno il dovere del cosmotecnico di trattare in dettaglio le conseguenze per l'umanità dello sviluppo verso il rapporto sessuale. Guardando i miti Nordici e biblici insieme, vediamo quindi la rottura della procreazione regolata cosmicamente in molti modi come un cambiamento mondiale del più grande tipo, ovvero in un totale di 9 relazioni, che compiliamo secondo la serie runica scaldica nel modo seguente:

1) *Feo* — Scopo: Aprire il cammino di lotta verso il critico Regno dei Cieli. (*Himimrikers*).

2) *Ur* — Trasferimento della gestione, dallo spazio di potere della Terra nel contro-sole, dove si è unita alla direzione in un'unità cosmotecnica di efficacia irresistibile.

3) *Thorr* — Umiliazione e riorganizzazione dell'asta degli Asi.

4) *As* — Elevazione dell'umanità dallo stato governato dall'ordine cosmico (Paradiso) allo stato di Io-attitudine guidato (gestito), che porta al superamento critico dell'Io-attitudine.

5) *Rad* — La partecipazione del popolo alla realizzazione del nuovo ordine critico in costante contrasto con l'impatto del potere divisivo lokianico.

6) *Ka* — Introduzione del piacere sessuale per risvegliare l'anima attraverso la sofferenza, che è polare al piacere.

7) *Hagal* — Risvegliare le persone all'attività creativa.

8) *Noth* — Educazione dell'uomo all'attività laboriosa, meccanizzazione della vita allo scopo di apprendere una crescente padronanza dell'esistenza.

9) *Is* — Imporre la morte corporea come mezzo di educazione per imparare la morte dell'Io: morire e diventare.

Vogliamo seguire queste 9 indicazioni del mito:

1) Scopo: Aprire la via della lotta al regno dei cieli.

La Teologia cristiana ha posto la cosiddetta caduta di Adamo ed

Eva in una relazione causale con l'atto redentore di Gesù Cristo, confermando così quello che il mito Nordico della collana Brisinga è la conseguenza spiritualmente più importante della svolta del mondo del presunto 84.000 a.C. La necessità ineluttabile per ogni uomo di diventare un combattente di Krist — «che qualcuno diventi così coraggiosamente un uomo di Krist, e segua un così grande dono del suo signore, che gli sia permesso di andare in battaglia per lui, e che pesi con le armi di un tale uomo». Ci sarebbe molto da dire su questo proposito, specialmente sulla sua versione nel mito della collana Brisinga, e coloro che sono chiamati si occuperanno spesso e volentieri del significato Nordico meravigliosamente chiaro, ma ci accontentiamo qui di notare con gioia come esattamente mito e cristianesimo si incontrano nella conoscenza di base del significato della svolta del mondo dell'84.000 a.C. e che dalle parole appena menzionate, così come da quelle bibliche del Nuovo Testamento, emerge l'obbligo per ogni essere umano di acquisire il regno dei cieli. Perché il regno dei cieli (*Imin riker's*), secondo la tradizione scaldica, è il regno "emergente" della totalità della guarigione

ovverosia degli Io cosmicamente ancorati, creativi, che si INseriscono alla direzione

e questo regno non sorge in qualche modo o da qualche parte esternamente, ma unicamente internamente, nelle anime umane consapevolmente risvegliate. Il risveglio e la crescita nel regno dei cieli è così l'unico unificante, grande scopo che si erge alto e deciso al di sopra di tutto il divenire dell'umanità e che può essere riconosciuto e realizzato solo in associazione cosciente con il polo bianco della gestione: Krist.

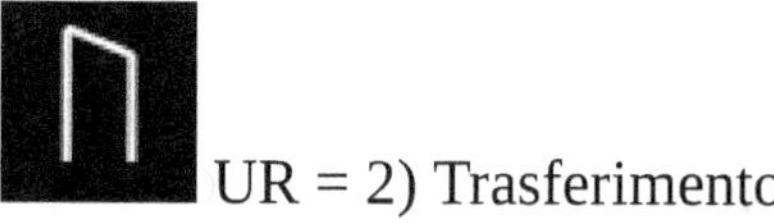 UR = 2) Trasferimento

della gestione dallo spazio di forza della Terra nel contro-sole, dove pure si unisce con la direzione in un'unità cosmotecnica di efficacia irresistibile (movimento delle onde).

Finché l'umanità, curata dalla gestione, educata dall'asta divina, odhinnica degli Asi, sognata nell'incoscienza dell'Io, l'armonia ha prevalso sulla Terra, quando nello stato di perfezione, in piena coscienza, un giorno prenderà parte essa stessa, si educherà cosmicamente, l'armonia sarà nuovamente raggiunta. Nel passaggio intermedio della disarmonia, in cui l'Io che si risveglia, sotto il continuo vagare avanti e indietro, si piega, si contorce, cresce lentamente fino all'autogestione e all'autoeducazione cosmica, ossia allo stato del regno dei cieli, l'umanità deve essere chiamata ai compiti di gestione e autoeducazione cosmica in misura sempre maggiore. Di conseguenza, da un lato, la gestione doveva essere portata ad una distanza corrispondente dall'umanità, dalla quale poteva continuare il suo compito, ma non nel modo precedente, completamente costrittivo; dall'altro, l'autoeducazione cosmica dell'umanità doveva essere obbligatoriamente diretta dall'esterno della Terra secondo un grande piano propositivo, proprio dalla gestione, che è polare in sé, bianco-nero, sempre operante con la divisione. Per poter portare avanti questo sviluppo, che è così pieno di contraddizioni e spesso sembra non avere senso, gestione e direzione dovevano essere unite in un'unica doppia potenza cosmica.

Il mito della collana Brisinga dà informazioni fondamentali su questa amalgama cosmotecnica di gestione e direzione. Abbiamo già trattato queste intuizioni in altri luoghi nella misura in cui abbiamo annunciato l'idea mitica secondo la quale gli antichi supponevano che l'amalgama cosmotecnica di gestione e direzione fosse attiva nel contro-sole, e ripetiamo che gli antichi cristallizzarono questa idea geometricamente e fisicamente in modo così chiaro che furono in grado di trasmetterla in poche parole semplicemente ripetendola, descrivendo semplicemente la collana di Freyja in 12 parti insieme ai 2 re di direzione e ai loro 20 poteri reali di direzione come un'unità cosmotecnica per il passaggio dell'umanità.

Questa forma concisa di espressione ci dà, come già spiegato, un'immagine adeguata del corpo di penetrazione che alleghiamo a questo trattato e che consiste in 5 quadrilateri triangolari con 20 punti angolari sporgenti e 12 rientranti.

Naturalmente, noi vediamo in questo corpo di penetrazione solo una similitudine, ma più lo guardiamo da vicino, più ci diventa luminoso e più ammiriamo con stupore la chiarezza di spirito dei nostri antenati, che hanno saputo cristallizzare le loro idee in modo così convincente: in questo corpo di penetrazione hanno creato la similitudine di una macchina formatrice d'acciaio di perfezione senza imperfezioni.

Ricordiamo il compito che gli antichi del contro-sole hanno in relazione ai raggi solari che inondano lo spazio di potere della Terra, e di cui abbiamo già parlato. Il contro-sole, o meglio le sue potenze attive, ossia gestione e direzione, determinano il numero di rotazioni e le lunghezze d'onda dei singoli raggi solari. È noto che i raggi solari esaminati scientificamente hanno diversi numeri di rotazione e lunghezze d'onda. Si sa anche che dei raggi solari scientificamente esaminati, un gruppo produce effetti chimici, un altro produce effetti luminosi (fotoni) e un terzo produce effetti di riscaldamento. Gli antichi, tuttavia, supponevano che ci fossero altri raggi solari, ancora scientificamente indeterminati, ovvero 5 gruppi nettamente differenziati, che vorremmo riportare sulla base della tradizione.

1) Il causale o divino, che causa tutti i processi della creazione e i cui raggi hanno un effetto diretto sull'anima di ogni creatura, e per questo è chiamato "luce primaria". La luce primordiale può essere immaginata solo astrattamente, non appare concretamente. La concezione astratta degli stati vibrazionali del piano causale della creazione fu formulata matematicamente con chiarezza cristallina dalla Scuola di Cosmotecnica di Goslar; si è conservata fino ad oggi in frammenti tali da poter essere ripristinata almeno in parte.

2) Il livello di creazione delle forze primordiali (la prima materia). I raggi di questo piano di creazione erano, se capiamo bene gli antichi, pensati solo come agenti indiretti, ossia come i soli raggi che agiscono direttamente, associati ai raggi causali e che diventano efficaci solo quando i raggi causali provocano un processo in cui le sostanze della forza primordiale hanno un ruolo. In questo caso eccitano stati rotatori concreti che hanno effetti fisici come fenomeni di attrazione, repulsione e rotazione (radiazioni di rotazione, gravità, forza di repulsione). La concezione della Scuola di Goslar di questi stati rotatori concreti si è anche conservata in frammenti, ma può anche essere ricreata in qualche misura. Potremmo chiamare i raggi che mediano gli stati vibrazionali del livello primordiale della creazione, ovvero i raggi di luce del secondo tipo, raggi elementari del 1° ordine, o raggi elementari del "puro, incomposto, immutabile, immiscibile, indistruttibile ordine". Però, sarebbe errato concedere a questi raggi solo effetti sul materiale, poiché, come già detto, sono solo raggi di accompagnamento che hanno un effetto diretto sull'anima di ogni creatura, quindi i raggi elementari di accompagnamento del 1° ordine influenzano anche l'anima e quindi, solo dall'anima, da un lato il materiale, dall'altro lo spirituale nella creatura in modo polare. (Questa è anche la ragione per cui gli effetti dei 4 elementi erano spesso considerati come essenziali, poiché solo un essere ha come propri l'anima, lo spirito e il corpo. Bisogna notare di passaggio che gli esseri dei

raggi elementari del 1° ordine sono stati descritti come unidimensionali).

3) Il piano di creazione delle sostanze di potenza fine (la *secunda materia*). Questi raggi di luce del 3° tipo, i raggi elementari del 2° ordine o i raggi elementari dell'ordine molteplice, diverso e impuro, che si pensa agiscano solo con una barra, eccitano anche stati concreti di vibrazione dell'anima, da un lato sul materiale, dall'altro sullo spirituale. Fisicamente, il loro effetto veniva interpretato come quello di certe coppie di sostanze di forza elementare, e si affermava che queste coppie potevano in certe circostanze essere separate nelle singole sostanze di forza elementare. Gli esseri dei raggi elementari del 2° ordine sono stati descritti come bidimensionali, ovverosia coscienti bidimensionali.

4) Il livello di creazione delle «sostanze dense senza percezioni di senso» (la *tertia materia*). Anche questi raggi luminosi del quarto tipo che agiscono solo indirettamente, i raggi elementari del terzo ordine o i raggi elementari dell'«ordine scomposto, diverso e reciprocamente intercambiabile», eccitano stati concreti di vibrazione dell'anima a) sul materiale, b) sullo spirituale. Fisicamente, il loro effetto fu interpretato come quello dell'interazione di 3 forze-sostanze primordiali, e, dal punto di vista della fisica odierna, chiameremmo probabilmente elettroni e nuclei atomici il risultato di questi raggi elementari di 3° ordine. La denominazione: «ordine scomposto, diverso e reciprocamente intercambiabile» che si trova nel 1° libro di Agrippa di Nettesheim, 4° capitolo della sua *Filosofia Segreta*, diventa evidente se si spiega da un lato l'espulsione di elettroni negativi dalle sostanze radioattive e dall'altro il principio principale. In anni di lavoro abbiamo cercato di trasferire le vecchie idee alchimistiche in quelle del modo di pensare scientifico di oggi e in questo modo siamo arrivati non solo a un sorprendente accordo di vecchie e nuove conoscenze, ma anche a una ricchezza di idee di base semplici e chiare che potrebbero dare preziosi sti-

moli alla ricerca di oggi.

Così abbiamo preso dalla tradizione in relazione alla *tertia materia* l'idea di un'unità-creazione-spazio per le molecole di tutti gli elementi conosciuti. In questo unità-creazione-spazio, la molecola di idrogeno 16= nucleata potrebbe nascere come una molecola di uranio 238= nucleata, i nuclei sarebbero composti da un numero esattamente accertabile di orbite di elettroni volanti per lo più a spirale, e le molecole di tutti gli elementi chimici obbedirebbero a leggi di costruzione unitaria chiaramente riconoscibili. La decisione se una molecola di idrogeno o una molecola di azoto, ferro, uranio... si forma in uno spazio unitario molecolare dipenderebbe unicamente dal raggio causale che colpisce il punto di origine della molecola e dal raggio elementare del 3° ordine che lo accompagna. Questi due raggi determinano così la formazione e la conservazione, per esempio, di una molecola di alluminio che è coinvolta da qualche parte nella formazione di una roccia primaria. Questi due raggi, tuttavia, potrebbero anche trasformare questo alluminio in qualsiasi altra molecola di metallo se fossero presenti le condizioni corrispondenti, per esempio, se in questa roccia primaria si verificassero fessure e faglie.

Per questo motivo, il 3° ordine dei raggi elementari fu descritto come «diversi e reciprocamente intercambiabili», e Agrippa di Nettesheim li commenta ulteriormente: «su di essi poggia, secondo certi numeri, gradi e ordini, la perfezione di ogni effetto in ogni cosa naturale, celeste e sovra-celeste. Sono meravigliosi e pieni di misteri, che possono operare sia nella magia naturale che in quella divina, perché da essi dipende il legare e lo sciogliere, così come la trasformazione di tutte le cose, la conoscenza e la predizione del futuro, eccetera.»

Ma il 3° ordine dei raggi elementari si chiama anche "scomposto", secondo noi per una ragione che anche la scienza di oggi sta perseguendo con appassionato vigore *DALLA LEGGE DI CON-

SERVAZIONE DELL'ENERGIA NELLA CREAZIONE*. Nell'universo della creazione, le creazioni morenti vengono continuamente smantellate, quelle esistenti ricostruite, quelle nuove create. Le energie liberate durante la decomposizione (disintegrazione molecolare) della creazione morente servono a ricostruire le creazioni esistenti e a costruirne di nuove. Da qui anche il prefisso *ent/end*, nelle parole temporali "nascere", "fuggire", eccetera. Dalla "fine" dell'uno nasce il "principio" dell'altro, nasce la svolta di un altro aspetto dell'esistenza.

Il 3° ordine dei raggi elementari, che costruiscono gli elettroni e i nuclei molecolari degli elementi chimici, deve anche essere in qualche modo legato alle linee spettrali degli elementi chimici. Anche se le linee spettrali stesse, come spiegheremo tra un momento, sono raggi luminosi del 5° tipo, sono tuttavia condizionate dal numero di nuclei e dai rapporti speciali di struttura nucleare nella molecola luminosa, ossia da proprietà molecolari che sono create dai raggi elementari del 3° ordine in accordo con i raggi causali nello spazio molecolare unitario della molecola interessata. Per esempio, 23 nuclei devono essere presenti nella molecola di sodio nella disposizione propria del sodio perché si crei la linea del sodio. I raggi elementari di 3° ordine creano così i presupposti per la possibilità dell'emergere delle linee spettrali, le linee "riposano" nei raggi elementari di 3° ordine. Poiché tutte le apparenze di colore sono legate alle linee spettrali, tutto il campo dei colori trova il suo "terreno di riposo" nei raggi elementari del 3° ordine. Gli antichi assegnarono quindi i colori ai raggi elementari del 3° ordine: fuoco-rosso, acqua-verde, aria-blu. Questi colori, tuttavia, sono solo colori in similitudine, colori madre, per così dire, da cui i colori sensualmente percepibili emergono solo quando appaiono i raggi di luce del 5° ordine. I colori dei 4 elementi non sono dunque percepibili con l'occhio esterno, grezzo-sensitivo, ma con l'occhio interno, nascosto-sensitivo, ma da quest'ultimo in tutte le linee della ruota dei colori, e anzi esattamente nelle stesse linee che l'occhio esterno vede quando appaiono raggi di luce del 5° tipo.

Come risultato delle note connessioni dei colori con i toni, anche ai raggi elementari del 3° ordine si devono concedere relazioni con i toni. Nel senso della tradizione, consideriamo che i toni che possono essere uditi con l'orecchio esterno appartengono alle vibrazioni del 5° livello della creazione, mentre supponiamo che al 4° livello della creazione, nella zona dei raggi elementari del 3° ordine, ci siano toni uguali, per così dire toni madre, da cui i toni sensitivamente percepibili sorgono solo quando si verificano vibrazioni del 5° livello della creazione. Anche queste madri tonali sono percepibili solo all'orecchio interno, nascosto, sensitivo; erano e sono ancora percepite da persone con un'inclinazione corrispondente e venivano chiamate dagli antichi l'armonia delle sfere. Questa armonia delle sfere è descritta dal predetto come infinitamente più ricca di toni della scala di semitoni della nostra musica occidentale, che divide l'ottava in soli 12 passi di tono. Visto il gran numero di linee spettrali conosciute, a cui deve corrispondere lo stesso numero di toni armonici sferici, questa comunicazione è facilmente comprensibile. Sarebbe anche possibile avvicinarsi a questa ricchezza di toni dell'armonia delle sfere con gli strumenti imperfetti dell'orchestra convenzionale occidentale; anche quegli strumenti musicali orientali che dividevano l'ottava in più di 12 passi di tono falliscono qui, mentre, naturalmente, i moderni strumenti musicali a onde eteriche sarebbero molto adatti qui. L'armonia delle sfere, tuttavia, si dice che si distingua non solo per la sua grande ricchezza di toni, ma anche per accordi e sequenze di accordi particolari.

Poiché vediamo la nostra musica occidentale in uno stato di sviluppo costante, vorremmo sollevare la questione se non sarebbe nello spirito di questo sviluppo avvicinarla il più possibile alla musica delle sfere, nonostante tutte le imperfezioni dei nostri strumenti musicali. Crediamo di poter rispondere a questa domanda in modo affermativo, e vorremmo dare un piccolo suggerimento, anche se questo non sembra essere il posto giusto per farlo. Sappiamo che i numeri di oscillazione dei raggi di luce visibile, ossia i colori, si trovano all'interno di un'ottava di oscillazione, ovvero tra il viola caldo con 375 volte 10^{12} oscillazioni e una lunghezza d'onda di 8000 A.E.[14] e il viola dello stesso colore, ma freddo di temperatura, con 750 volte 10^{12} oscillazioni al secondo e una lunghezza d'onda di 4000 A.E. Questa ottava di colore corrisponde quindi matematicamente a un'ottava tonale, e può essere suddivisa così, nel senso di Johann Sebastian Bach, con l'aiuto della dodicesima radice di 2n di 12 tipi di colore, corrispondenti ai 12 passi di semitono del pianoforte ben temperato. In questo modo otteniamo 12 colori con numeri di vibrazione e lunghezze d'onda calcolate con precisione, e possiamo disporre questi 4 colori, uno dei quali, il viola, appare due volte, come indicato sopra, in un cerchio chiuso di 12 colori.[15]

Anche se al momento non siamo in grado di mostrare la corrispondenza tra colore e tono matematicamente corrispondente, il viola con 375 volte 1012 oscillazioni corrisponderebbe più da vicino al tono fis con 45 oscillazioni per divisione continua per 2, il che, tuttavia, non è in accordo con le osservazioni psicologiche, possiamo dunque trarre una conclusione importantissima dal fatto del cerchio chiuso dei colori, vale a dire l'esistenza di un cerchio chiuso tono-madre sul 4° piano della creazione nella zona dei raggi elementari del 3° ordine, e da questo cerchio tono-madre ci sembra riconoscibile la via dell'avvicinamento della musica terrestre all'armonia delle sfere. Se disegniamo questo cerchio tonale in 12 parti, vediamo 6 assi in esso, che possiamo combinare, secondo i

---

[14] 'A.E.' sta per "associata all'elettrone", N.d.T.

[15] Vedere Karl Koelch, *Das spiriralige Wesen der Wellen in Anwendung auf Licht und Farben*, Helwings Verlag, Hannover, 1922, p. 74.

modelli cosmotecnici conosciuti, o in 3 croci di assi ortogonali o in 2 croci di assi a fiocco di neve — *Hagal*. Alle 3 croci dell'asse ortogonale leggiamo quindi le sequenze di toni:

c-dis-fis-a-cis-e-g-ais-d-f-gis-h;

questi sono i ben noti 3 accordi di settima diminuita che fanno sembrare la musica di Wagner così ultraterrena, e alle 2 croci dell'asse Hagal leggiamo la sequenza di toni:

c-d-e-fis-gis-ais-cis-dis-f-g-a-h.

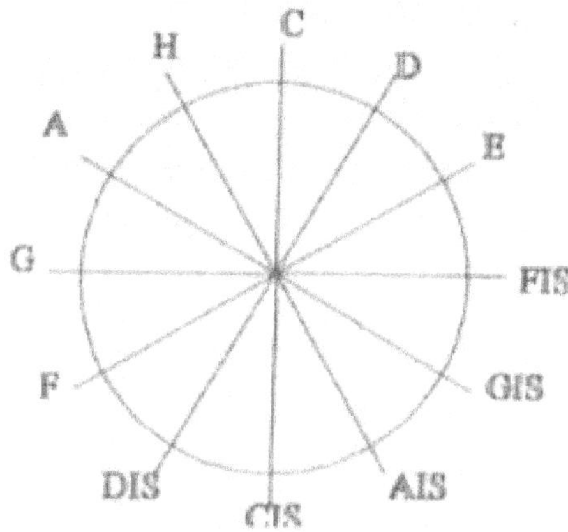

Queste due sequenze di toni, che dalla loro disposizione cosmotecnicamente importante devono essere affrontate come particolarmente significative, ci sembrano essere fondamentali per l'avvicinamento della musica terrestre a quella sferica, ma soprattutto le due sequenze di toni delle croci dell'asse *Hagal*, che contengono solo passi di tono intero, e rappresentano quindi il punto di partenza per la musica di tono intero, la quale è stata a lungo studiata e tentata sia teoricamente che praticamente. Vediamo dalle linee di pensiero che possiamo riconoscere nella musica integrale il percorso di sviluppo dalla musica tonale terrestre alla musica atonale sferica, un percorso di sviluppo in cui stiamo entrando secondo i piani con i nostri imperfetti strumenti orchestrali precedenti e che potremo sviluppare sempre di più con la crescente perfezione degli strumenti a onde eteree. Il *Grundriss der Harmonielehre* di Thuille e Luois nella sesta edizione, p. 208, dà una breve indicazione della fila di toni interi, la sua armonizzazione e applicazione in Liszt, Strauss, Schillings e Pfitzner.

Concludiamo qui la nostra comunicazione sul 4° piano della creazione e i raggi elementari del 3° ordine che lavorano su di esso, menzionando solo a titolo di riconoscimento che gli antichi supponevano anche che gli esseri fossero efficaci su questo piano della creazione, che descrivevano come tridimensionale, dunque spazialmente cosciente, e passiamo ora al 5° piano della creazione.

5) Il livello di creazione delle «sostanze dense con percezioni sensoriali», le sostanze animate e inanimate chimicamente rilevabili. Solo a questo livello di creazione i raggi di luce appaiono percepibili ai sensi, anche a questo livello si pensa che abbiano solo un effetto indiretto, ovverosia che abbiano un effetto solo quando il raggio causale che li accompagna provoca un processo in cui i raggi di luce svolgono un ruolo di 5° tipo. Per questi raggi, la relazione luce è particolarmente fuorviante, poiché essi fanno semplicemente apparire tutto ciò che possiamo percepire con i nostri 5 sensi.

L'udito, il tatto, la vista, l'olfatto e il gusto sono, tuttavia, non solo completamente inerenti agli esseri viventi, ma anche, secondo la visione antica, alle singole molecole della materia animata e inanimata. Solo il fatto dei 5 sensi separa le sostanze dense del 5° livello di creazione dagli elettroni e dalle molecole del 4° livello di creazione, e infatti le 5 percezioni sensoriali delle molecole si esprimono nelle diverse forme dei percorsi degli elettroni che oscillano intorno alle molecole. Questa antica visione è stabilita nei cosiddetti insegnamenti Tattva, le cui tradizioni contengono un'ispirazione quasi inesauribile per la moderna scienza fisica e psicologica. Purtroppo, queste tradizioni sono così difficili da capire nella loro versione orientale conservata e pubblicata, vedere la già citata opera di Ra'ma Prasa'd, *Die feineren Naturkräfte*, che la scienza occidentale non è ancora stata in grado di farne uso.

Abbiamo quindi ritenuto nostro dovere chiarire matematicamente e fisicamente cosa sono in realtà i *tattva*. (Pubblicazione di Rüdiger, *Tyrkreisund Tattvas*, Verlag Reichenstein, Pforzheim, in cui si cercherà di chiarire in un lavoro fondamentale le connessioni dei tattva con i vari percorsi di rotazione degli elettroni che oscillano attorno ai nuclei molecolari.) A questo punto dobbiamo astenerci da tali pubblicazioni a causa della loro straordinaria grandezza e, per quanto riguarda la connessione delle funzioni sensoriali delle molecole con i percorsi di rotazione degli elettroni che ruotano intorno ai nuclei molecolari, ci accontentiamo di un solo breve riferimento a fatti scientificamente noti. L'idrogeno ha tre tipi di linee spettrali, infrarosso caldo, luminoso e biochimico-ultravioletto. Le linee spettrali calde sono prodotte da rotazioni di elettroni tra la superficie esterna e il 3° potenziale quantico e quelle luminose da rotazioni di elettroni tra la superficie esterna e il 2° potenziale quantico tra la superficie esterna e il 1° potenziale quantico. Affinché le molecole di idrogeno siano calde, luminose o biochimiche, devono ovviamente possedere strumenti corrispondenti che hanno funzioni di senso, ma queste funzioni di senso si esprimono nei 3 tipi speciali di oscillazioni elettroniche accoppiate con esse e i 3 tipi speciali di linee spettrali che ne derivano. Secondo la vecchia visione, il raggio causale decide quali funzioni sensoriali devono essere attuate, mentre il raggio di accompagnamento del 5° tipo attua la rispettiva funzione sensoriale dal punto di origine della molecola eccitata, e quindi produce il corrispondente percorso di oscillazione dell'elettrone e la speciale linea spettrale che ne deriva. Il fatto che le funzioni sensoriali attuate in questo modo siano in relazione tradizionale con i tattva presenti nel campo di forza terrestre indica ulteriori proprietà dei raggi del 5° tipo, che non vogliamo discutere qui.

Concludiamo qui le nostre comunicazioni sul 5° piano della creazione e sui raggi di luce del 5° tipo che lavorano su di esso, che causano espressioni grossolanamente percepibili nell'esistenza, e menzioniamo solo a titolo di nota che gli antichi assumevano effettivamente degli esseri su questo piano della creazione, che chiamavano coscienti a 4 dimensioni. Per coscienza quadridimensionale gli antichi intendevano la coscienza delle vibrazioni dello spazio tridimensionale nel tempo unidimensionale: 3+1=4, tale coscienza è necessaria allo stesso modo per la comprensione dei processi di esistenza nel microcosmo di una molecola come nel macrocosmo di un sistema solare. Dato che abbiamo appreso dal mito della collana Brisinga che i Vani erano attivi nella costruzione del mantenimento degli organi del corpo umano, dobbiamo concludere che gli antichi consideravano i Vani come esseri coscienti a 4 dimensioni.

Poiché abbiamo ora spiegato i 5 tipi di raggi luminosi che, secondo la tradizione, costruiscono, mantengono, trasformano, cambiano e ricostruiscono tutta l'esistenza terrena fino all'eventuale decreazione dopo il raggiungimento della meta della creazione, in realtà dovremmo anche comunicare e illustrare le antiche idee sui processi dell'esistenza, alcune delle quali sono abbastanza ben conservate, che sono effettuati da 5 tipi di raggi luminosi in uno spazio molecolare unitario dall'inizio della sua creazione fino al completamento di una molecola, in modo che le connessioni dei 5 tipi di raggi luminosi agenti con i processi di esistenza effettuati da essi diventino chiaramente riconoscibili. Ma anche queste comunicazioni, per le quali ci consideriamo obbligati, sono così estese che intendiamo pubblicarle altrove in un trattato separato, per così dire in un abbozzo della tecnica della creazione, mentre qui dobbiamo accontentarci di pronunciare l'assunto che ci devono essere differenze considerevoli tra i numeri di oscillazione dei 5 tipi di raggi di luce.

Così, come è noto, i tassi di oscillazione dei raggi luminosi del 5° tipo, ossia i raggi luminosi grossolanamente sensibili, sono circa 10^{15} al secondo, mentre i raggi causali, secondo la vecchia ipotesi, invertono infinitamente rapidamente la loro direzione di 180°, ovvero in una certa misura possiedono il tasso di oscillazione "infinito". Per quanto riguarda i numeri di oscillazione dei raggi del 2°, 3° e 4° tipo, possiamo solo supporre che si discostano notevolmente da quelli del 5° tipo, ma che possiedono comunque valori finiti, poiché sono indirettamente coinvolti in fenomeni nel finito. I raggi causali, che agiscono direttamente, con il numero di oscillazione "infinito", i raggi degli altri 4 tipi, che agiscono solo indirettamente e distinti da numeri di oscillazione finiti, sono inequivocabilmente legati tra loro, e in questo ordine i raggi causali occupano il posto più alto, sono anche, in contrasto con i 4 tipi terrestri, contrassegnati come raggi di tipo soprannaturale. Gli antichi usavano quindi spesso la similitudine della piramide per questa disposizione dei cinque raggi, di cui quattro punti angolari poggiano sulla Terra, mentre il quinto punto angolare galleggia come un picco sopra la Terra.

La similitudine della piramide dell'esistenza per i 5 tipi di luce non si applicava solo alle idee cosmotecniche, naturalmente, perché la 5° luce creativa richiede, per citare solo alcune idee sentite finora, la 5° conoscenza, similitudine rappresentata nella rosa bianca a cinque petali, 5-pieghe, similmente rappresentato nel segno *Fem* a cinque punte, il *Fem* 5-pieghe ordina e controlla la vita, similmente rappresentato nella rosa rossa, e 5-pieghe facoltà creative, similmente rappresentato nella stella a cinque punte, e così via. Quanto modeste, tuttavia, appaiono tutte queste immagini paraboliche accanto al corpo di penetrazione che abbiamo aggiunto a questo lavoro e che, come abbiamo dimostrato, è così giustamente descritto in poche parole nel mito della collana Brisinga. L'abbiamo chiamata somiglianza di una macchina a raggiera, ben intesa, solo come somiglianza di una tale macchina, poiché è solo in tale modo umano che possiamo illustrare un'idea dell'interazione di gestione e direzione, ma come tale somiglianza umana è di completa perfezione. Anche se la cosa più importante, il centro del corpo penetrante, è invisibile nel piccolo modello racchiuso, questo centro è tuttavia presente, coincide, secondo la visione degli antichi, con il centro del contro-sole, e in questo centro i due re della direzione del destino, Krist e Utgarda-Loki, insieme a Freyja, la madre della vita organica e padrona della gestione, effettuano direzione e gestione dell'intera esistenza terrena con l'aiuto di raggi. I 20 punti angolari sporgenti sono parabole dei 20 poteri reali di direzione, i 12 punti angolari rientranti, i cosiddetti 12 punti della rosa di Freyja, (Mayas o Marias) sono parabole delle 12 sedi di gestione. Ma i 20 punti angolari sporgenti e 12 rientranti si trovano, e questa è la grande rivelazione, su 5 quadrilateri triangolari, — 5 — ognuno dei quali è una macchina per modellare uno dei 5 tipi di raggi solari, ognuno dotato di produrre un numero abbastanza specifico di vibrazioni nei raggi che vanno dal sole attraverso la Terra al sole opposto. In questo modo, uno dei 5 raggi quadrilateri triangolari della luce primordiale, un altro raggio elementare del 1° o del 2° o del 3° ordine, infine il 5° forma quei raggi grossolanamente percepibili di cui la scienza ha già indagato quelli riscaldanti, luminosi e biochimici. Abbiamo già numerato i punti d'angolo dei 5 quadrilateri nell'ordine noto, ossia con i numeri di:

1-4 : 5-6 : 9-12 : 13-16 : 17-20

Abbiamo evidenziato con il colore due dei quadrilateri triangolari, quello dei raggi luminosi primari in nero e i raggi elementari del 3° ordine nei colori dei 4 elementi: blu-rosso-verde-giallo; ma questi colori sono ancora sottolineati secondo una ruota dei colori in 12 parti, come indicazione delle colore madre e del tono discussi. Attraverso questi colori si vuole rendere più vivida l'immagine della parabola, soprattutto la supremazia della macchina della Luce Primordiale sulle altre quattro.

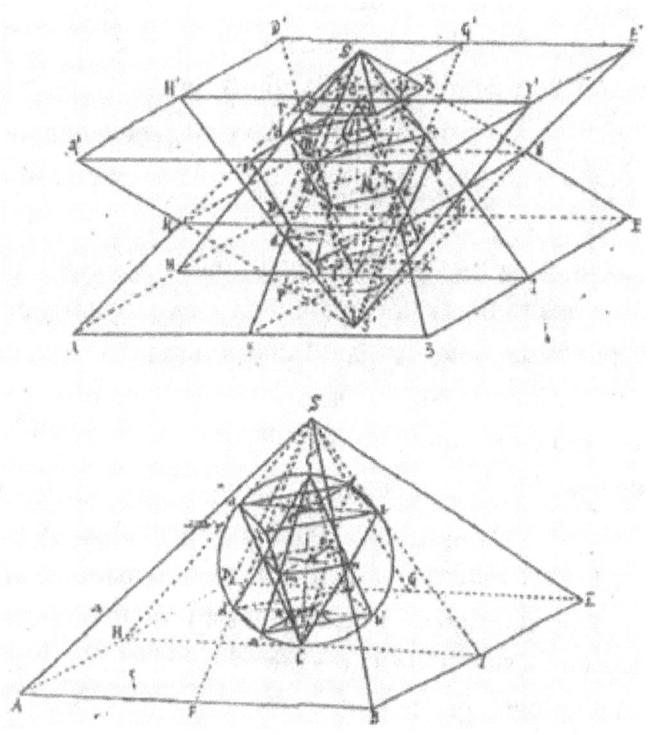

Per quanto riguarda i numeri, vi informiamo che non sono stati affatto inventati da noi per facilitare la comprensione; piuttosto, sono una vecchia eredità di un tempo in cui il mito di gestione e direzione era tanto familiare agli iniziati quanto il Vangelo lo è oggi per chi conosce la Bibbia. Gli iniziati Nordici (Iperborei) avevano riassunto l'intera conoscenza della cosmotecnica e del *god* creatore nelle cosiddette 30 invocazioni di *god* e le ordinarono numericamente. Di queste 30 invocazioni, quelle numerate 1-20 si applicano alla cosmotecnica della gestione e della direzione dei raggi, ovverosia la rivelazione di *god*, e quelle numerate 21-30 si applicano a *god* stesso. I maestri scaldici insegnano ai loro studenti 30 invocazioni di *god*, e secondo *Skaldskaparmal* 66, 30 è il numero del *pj'od*, ma è il popolo divino che è consapevole della sua origine divina e della sua legittima appartenenza a *god* e a tutto il cosmo. Solo chi sperimenta profondamente le 30 invocazioni di *god* nella sua anima, solo chi nella lotta inquieta e costante scopre il segreto e il mistero delle 30 invocazioni e le fa vivere, è *pj'odisk*, solo lui corrisponde a quella parola d'ordine, che è entrata nel linguaggio odierno come la caratteristica parola di corpo astrale.

Le denominazioni *god*, contrassegnate dai numeri 1-20, sono divise in 5 gruppi di 4 ciascuno, corrispondenti quindi a 5 volte 4 angoli della nostra immagine parabolica. Se ora guardiamo questo in modo più dettagliato, vediamo che intorno a ciascuno dei 12 punti di gestazione verso l'interno ci sono 5 punti di gestazione verso l'esterno, uno per ciascuno dei 5 quadrilateri triangolari. Questa disposizione peculiare significa quindi, per quanto riguarda l'interazione di direzione e gestione, che ognuna delle 12 sedi di gestione è in relazione reciproca con certe 5 potenze reali di direzione, una per ogni tipo di esse. Ora, ogni gruppo di gestione macroscopico ha la sua controparte microscopica in ogni molecola, ogni cristallo, ogni pianta, ogni animale e ogni essere umano; quindi, le stesse 5 potenze reali devono essere decisive anche per la controparte microcosmica, che nella disposizione macrocosmica stanno in relazione reciproca con il gruppo di gestione in questione. La disposizione delle singole sedi di gestione con i loro specifici 5 poteri reali possiede quindi un significato irresistibile per tutta l'esistenza, ed è chiaro che gli iniziati di alto grado di tutti i tempi si sono preoccupati in dettaglio delle leggi di questa disposizione. La più alta di queste leggi, che è stata riconosciuta in questo modo, dice che questi ordini vengono cambiati ogni 2000 anni, che erano così, per esempio, ordinati in modo del tutto diverso nell'appena tramontata Era dei Pesci che nell'ora nascente Era dell'Acquario.

Questa differenza spiega l'enorme divario irresistibile tra le singole età, poiché hanno composizioni diverse delle macchine per la formazione dei raggi. Questa legge spiega anche i tremendi sconvolgimenti spirituali che stiamo vivendo in questa svolta di tempo dall'Età dei Pesci all'Età dell'Acquario; il passaggio dal meccanismo di formazione dei raggi dell'Età dei Pesci a quello dell'Età dell'Acquario sta mettendo in subbuglio l'intera esistenza. Per poter meglio chiarire la causa del tremendo preludio all'Età dell'Acquario qui menzionato, deduciamo l'ordine delle sedi di gestione e dei poteri reali per l'Età dell'Acquario, che è evidente dal modello allegato, e poi discutiamo l'effetto delle macchine a raggiera sull'uomo.

La prima cosa a cui ci riferiamo in relazione all'associazione delle sedi di gestione con i poteri regali è una legge numerica che può essere letta dal modello dato. Tuttavia, poiché questo è creato per l'Era dell'Acquario, in cui il gruppo di gestione dell'Acquario ha "po-tenza" predominante, una legge numerica fondamentale per l'intera disposizione è evidente intorno al punto d'angolo incassato dell'Acquario, ossia la serie numerica:

1-5-9-13-17

Solo intorno al punto del Leone, che è opposto al punto dell'Acquario, e nessun altro, troviamo le potenze reali della direzione disposte in una tale serie numerica aritmetica. Intorno al punto del Leone la serie è:

2-6-10-14-18

Possiamo creare un totale di 4 di queste serie di numeri dai numeri 1-20, dunque:

1-5-9-13-17/2-6-10-14-18/3-7-11-15-19/ 4-8-12-16-20

Il significato di queste 4 serie di numeri è aperto in modo impressionante dai colori blu-rosso-verde-giallo, rispettivamente i numeri 13-14-15-16 della quarta macchina irradiante, che è per i raggi elementari di 3° ordine: ciascuna di queste 4 serie di numeri ha relazioni evidenti a 3 sedi di gestione ciascuna, ossia a 3 sedi di gestione ciascuna del rispettivo colore così:

1-5-9-13-17 in Acquario, Gemelli, Bilancia

2-6-10-14-18 in Ariete, Leone, Sagittario

3-7-11-15-19 in Pesci, Cancro, Scorpione

4-8-12-16-20 in Toro, Vergine, Capricorno

Così, in primo luogo, il 4° raggio della macchina irradiante decide la disposizione del significato decisivo di se stesso, e questo spiega il peso straordinario che gli antichi attribuivano alle 4 possibilità di stati del «sigillante tridimensionale senza percezioni sensoriali» creato obbligatoriamente da questa macchina, in quanto chiamavano virtualmente queste 4 possibilità i 4 elementi dell'esistenza.

I quattro angoli del triangolo colorato della 4° parabola del nostro modello stanno dunque per i 4 poteri reali di direzione che decidono gli elementi, e questi poteri reali di direzione sono stati invocati:

13. Tutto attraverso luce - Elemento Aria Colore Madre blu. (O)

14. Tutto attraverso fuoco - Elemento Fuoco Colore Madre rosso. (O)

15. Tutto tramite flusso - Elemento dell'acqua Colore madre verde. (O)

16. Tutto tramite suono - Elemento Terra Colore madre giallo. (O)

Dalle 4 serie di numeri e dalle loro relazioni con le 4 volte 3 sedi di gestione emerge inoltre che come risultato dell'accoppiamento numerico tra gli elementi-decisori e i reali poteri causativi, quelli con i numeri fissi 1-4 determinano valori di direzione che agiscono con priorità in un'epoca. Deve quindi essere in una:

- età Acquario Gemelli Bilancia il potere regale del numero: 1

- età Ariete-Leone-Sagittario il potere regale del numero: 2

- età Pesci-Cancro-Scorpione il potere regale del numero: 3
- età Toro-Virgo-Capricorno il potere regale del numero: 4

essere principalmente causale. Così, questi poteri reali "decide-ranno causalmente" per le loro epoche, e si può immaginare quan-to duramente gli antichi hanno faticato per la conoscenza proprio di questi 4 poteri reali. Il frutto della conoscenza di questi sforzi, che gli antichi ci hanno lasciato nelle 4 invocazioni dei numeri 1-4, è, almeno a prima vista, spaventosamente scarno:

1) Onnipotente

2) Invisibile

3) Inconoscibile

4) Inconcepibile

un solo prefisso *"All"* in contrapposizione a 3 prefissi *"Un"*, questo semplice fatto linguistico rivela da solo quanto inconcepibi-li apparissero agli antichi questi poteri reali causalmente direttivi, poiché di tutte le 30 invocazioni di *god* che si sono conservate, solo quelle dei numeri 2-3-4 sono contrassegnate dal prefisso *"un"*. Ci troviamo qui di fronte alle questioni primordiali della guida del destino, alla «fonte primordiale di tutto lo spirito dell'esistenza», e questa fonte primordiale dello spirito, proprio come tutti i suoi ef-fetti, che sperimentiamo continuamente più dolorosamente che gioiosamente, è polare, chiara e oscura, costruttiva e distruttiva, può essere indovinata nel suo grande scopo e nei suoi grandi piani di sviluppo, ma è semplicemente incomprensibile nella confusione indistinta dei suoi tratti individuali contraddittori, che in molti casi aumentano fino all'assurdo e alla repulsione.

Tuttavia, pensiamo di poter raccogliere qualcosa dalle 4 invoca-zioni della fonte dello spirito, in modo frammentario e a tentoni, naturalmente. Così l'ormai lodata a *god* Era dei Pesci era il 3° po-tere regale con la chiamata *"Unnennbar"* principalmente causale, e infatti troviamo la direzione del destino durante l'Età dei Pesci, almeno dal punto di vista dell'essere umano del *pjodisk's*, nessuna designazione più appropriata di *"unnennbar"*. L'angoscia spirituale, per non parlare dell'angoscia esterna, che è stata proiettata dal destino sull'uomo durante gli ultimi 2000 anni, è così terribile che si può solo chiamare la direzione del destino che causa questa angoscia "innominabile" per l'inalienabile riverenza delle anime, perché l'anima perderebbe la sua riverenza, perché dovrebbe inondare la direzione del destino dell'Era dei Pesci con esplosioni di disperazione. Perché proprio ciò che crea e sostiene l'uomo-*pjodisk*, la coscienza della sua origine divina e della sua legittima appartenenza a god e a tutto il cosmo, si è rotto nel corso di un'epoca a tal punto che oggi non possiamo trovare un solo essere umano in Occidente a cui si applichi la denominazione *pjodisk*.

Una volta onorata e rispettata come conoscenza suprema di queste interrelazioni di leggi cosmiche, è stata trascurata, dimenticata nonostante tutto, dalle costrizioni della vita nello spazio e nel tempo e nell'assenza di una conoscenza che potesse mettere in relazione queste leggi cosmiche con le nostre costrizioni di vita, e non consideriamo dato rompere un testimone su chi o cosa è stato il primo ad essere colpevole di abbandonare le leggi della sacra Ara-Rita, perché le forze lokianiche della falsità, della violenza, del profitto, della ciarlataneria e dei giochi di prestigio hanno preso il sopravvento nella vita degli uomini, perché lo spirito dell'umanità non ha capito o voluto capire questa legge cosmica, non ha voluto armonizzarla con la nostra conoscenza della natura, e anche se avesse potuto, non ha voluto, perché il battito d'ali del tempo, lavorando su eoni, ha fatto dimenticare la conoscenza dell'Ara-Rita.

"Innominabile", infatti, un richiamo azzeccato del destino-direzione nell'epoca dei pescatori. Inoltre, un grande segno della riverenza e dell'alto sapere degli Ara-Rita rimasti fedelmente custodi della tradizione. Ognuno di loro conosceva e sperimentava il doloroso destino del tempo, ognuno di loro si trovava in una posizione per così dire persa, non solo personalmente costantemente minacciato dalla morsa dei carnefici del sistema occidentale, ma, cosa molto peggiore e più difficile da sopportare, di fatto allontanato in misura sempre maggiore dalla forma spiritualmente e vitalmente appropriata della saggezza, fino alla completa eliminazione della stessa. E ancora nessun reclamo contro la direzione del destino, che in modo così innominabilmente duro ha perseguitato proprio i più fedeli che hanno combattuto sulla terra per il Polo-Krist della forza di direzione, ma solo "domanda" sulla causa e lo scopo del destino?

La risposta che arrivò ai fedeli uomini-*pjodisk* fu, come la domanda, in due parti: da un lato causa, dall'altro scopo della prova del destino illuminante. Ora che l'Età dell'Acquario sta nascendo, possiamo e dobbiamo parlarne.

Causa: l'atteggiamento unilaterale dell'uomo verso la direzione del destino, che praticamente afferma il suo polo luminoso, il polo di Krist in generale.

Scopo: L'educazione degli uomini-*pjodisk* per l'instaurazione pratica del Regno dei Cieli Kristico, per il quale Gesù di Nazareth aveva creato i prerequisiti fondamentali, ma gli uomini-*pjodisk* dovevano assumersi la realizzazione, ossia il completamento della sua opera.

Teoricamente, gli antichi iniziati avevano riconosciuto l'assoluta necessità di entrambi i poli della forza di direzione, e avevano capito, come mostrano i miti, che il polo oscuro Utgarda-Loki doveva distruggere l'ordine cosmico e creare discordia, sofferenza e perdizione terrena per portare un'accelerazione allo sviluppo umano. In pratica, però, si erano visto solo uomini di Krist, e si erano sforzati di combattere come tali per la costruzione del Regno dei Cieli, e così facendo si erano smarriti molto seriamente. Dedicandosi con entusiasmo al Polo di Krist, avevano completamente trascurato il fatto che la forza polare di direzione non divide l'umanità in due campi — il bene qui, il male là — ma ha un effetto polare in ogni individuo.

L'errore che separa l'uomo dall'uomo, esige l'educazione per diventare un filisteo adatto al lavoro, ben educato, riconosce questo filisteo come buono, come critico, e bolla chi non è filisteo come cattivo, come dannato lokianico, era inibente, veramente inibente. La misura in cui questo filisteismo del genere umano è andato è evidente dal fatto che un'intera, anzi nobilissima tribù: i Guten, i Goti, li chiamava la direzione lo ha distrutto, mi chiedo perché? La misura in cui questo filisteismo è ancora una caratteristica della gente di oggi può essere vista da chiunque guardi la vita nel mondo Occidentale con occhi aperti e una mente sincera e veda come, per il più banale dei motivi e per il giudizio più ciecamente divisivo, si tracciano linee di frattura insormontabili tra fratelli umani, e fioriscono la mentalità di Caino e l'odio fratricida.

In verità, questo tipo di filisteismo, questo tipo di modo non amorevole, doveva e deve ancora schiacciare la direzione del Fato ancora e ancora, e lo fa attraverso il suo polo oscuro.

Ma allo stesso tempo, da Gesù di Nazareth, il polo di Krist della direzione lavora per risvegliare l'anima: «dall'anima impara il tuo Io», conosci il tuo fratello umano, impara a comprendere l'intera esistenza, allora crescerai fuori dalla scissione fine del filisteismo...

Imparate ad amare, l'amore è la realizzazione dell'Ara-Rita, se raggiungete la più perfetta rettitudine delle opere e in più la più alta conoscenza e tutto il potere che scaturisce da tale conoscenza: «e se non aveste l'amore, non costruireste mai il regno dei cieli».

Così, riconoscendo la causa della miseria dell'uomo, i *pjodisk* nell'era dei Pesci si sono evoluti dal loro punto di vista Kristico unilaterale al punto di vista cristiano polare, ma solo per cadere, come conseguenza di questo sviluppo, in una miseria quasi completamente annientante. Quello che hanno sofferto in questo sarà forse registrato un giorno, qui ci limitiamo a segnalare che anche in questa avversità e in tutta la caduta, solo una cosa li muoveva nel loro cuore: la domanda sullo scopo di questa prova durissima, e che questa domanda ha avuto per loro una risposta che ci fa tremare di beatitudine.

Domanda e risposta sono conservate per noi nel cosiddetto mito di Swipdag, il mito più glorioso del mito del tesoro e forse di tutta l'umanità in generale. È conservato per noi in due canti eddici, il Grogaldr e il Fjölsvinnsmal, e non conosciamo nemmeno l'autore di questi canti, ma conosciamo la sua situazione, perché questa è la situazione dell'uomo-*pjodisk* nell'Era dei Pesci per eccellenza, e impariamo da questi due canti quale tremendo compito è posto all'uomo-*pjodisk* dalla gestione per ribaltare la sua situazione e quindi la gestione stessa, questo percorso di sviluppo, che passa mentalmente attraverso prove terribili e spiritualmente attraverso le conquiste più inaudite e che è descritto in entrambi i canti eddici sopra citati, pone l'obiettivo per l'uomo-pjodisk di svilupparsi così altamente da essere "felice" con le prove più difficili del destino. Mentalmente, tale sviluppo richiede il più alto eroismo, spiritualmente la condizione di diventare così perfetto razionalmente come nel campo irrazionalmente mistico. Abbiamo quindi ritenuto necessario aprire il mito di Swipdag nel miglior modo possibile, per dare ai chiamati e ai dotati la possibilità di approfondire questo mito.

Questo era il richiamo con cui il popolo dei *pjodisk* dell'Era dei Pesci si chiamava alla direzione del destino che era così innominabilmente duro contro di loro. "Onnipotente" ("*all-mattiger*") questo richiamo è per lodare la direzione del destino nell'Era dell'Acquario, quando questo popolo è di nuovo dotato per diventare "*pjodisk*" e vincere lo sviluppo nello stato di Menglöd. In questa chiamata "Onnipotente" è così stabilita la credenza degli iniziati in una possibilità di visione, secondo la quale questa pone potentemente davanti all'anima dell'uomo-*pjodisk* la coscienza della sua origine divina e della sua legittima unione con *god* e con tutto il cosmo, lo educa nelle prove mentali più dure all'eroismo più elevato, non frantumante come nell'Era dei Pesci, e lo educa e lo abilita attraverso un'armoniosa spiritualità mitico-irrazionale e razionale alle realizzazioni più inaudite. Le antiche rappresentazioni dell'Acquario, che lo mostrano come il versatore dello "spirito santo", appaiono anche nel senso di questa possibilità di guardare la direzione del destino.

Naturalmente, la direzione del fato si mostrerà in modo polare anche nell'Era dell'Acquario, e severamente punirà gli uomini-pjodisk appena risvegliate prima di aprire loro lo stato Menglöd. Esso frenerà le persone che resistono allo "spirito santo", che non si lasciano risvegliare spiritualmente, ma rimangono dure, senza amore, odiose o non eroiche, persone che vogliono solo rimanere unilateralmente razionali, spirituali, materialiste, nella stessa maniera spietata in cui ha frenato gli uomini-*pjodisk* nell'Era dei Pesci. Così l'Era dell'Acquario, in una certa misura, si metterà a testa in giù in relazione spirituale con l'Era dei Pesci: la direzione del fato dell'onnipotenza, che sembrava essere dimenticato nell'Era dei Pesci, tornerà in modo impressionante alla coscienza dell'umanità.

Un altro breve sguardo alle chiamate della direzione del fato.

2-: Invisibile, 4-: Inconcepibile. Riteniamo di poter dedurre dalle tradizioni sopravvissute che le Ere dei segni Toro-Vergine-Terra, in cui la direzione del fato è invocata come "intangibile", sono spiritualmente armoniosamente razionali e irrazionalmente mitiche, mentre nelle Ere dei segni Ariete-Leone-Sagittario, in cui sono invocati come "invisibili", spiritualità irrazionale e razionale sono in netto contrasto. Così, per la comprensione della storia del mondo, importanti intuizioni sorgono dalle invocazioni della direzione del fato come causa della spiritualità dei tempi. Così l'ultima Era del Toro, 4000-2000 a.C., era armoniosamente spirituale razionale e irrazionale mitica, l'Era dell'Ariete, 2000 a.C., era principalmente spirituale irrazionale-mitica e in netto contrasto spirituale razionale, l'Era dei Pesci, 0-2000, era principalmente spirituale razionale e in netto contrasto irrazionale-mitica mentre la prossima Era dell'Acquario promette di essere armoniosamente spirituale irrazionale-mitica e razionale. Abbiamo fatto un po' di chiarezza sulle direzioni 13-16 e 1-4, prima su questi due gruppi, perché ci sembravano i più facili da spiegare. Passiamo ora agli altri gruppi di raggi direzionali 5-8, 9-12 e 17-20, che difficilmente sarebbero spiegabili sulla base dei soli richiami, anche se consultiamo quanto abbiamo già riportato su questo gruppo di raggi.

    5. Onnisciente — 9. Onnicomprensivo

    17. Onnipotente

    6. Onnisapiente — 10. Onnipervadente

    18. Tutto ciò che genera

    19. Tutto ciò che crea

    8. Tutto ciò che fa — 12. Tutto ciò che dà

    20. Tutto ciò che si forma

Ma ora abbiamo 4 serie di numeri:

1-5-9-13-17, 2-6-10-14-18, 3-7-11-15-19, 4-8-12-16-20,

e quindi già riferito alla coerenza interna delle potenze reali di direzione e delle loro radiazioni di direzione indicate da questi numeri classificati, in modo che in queste file di numeri ci sembra di avere un modo di spiegare i gruppi di numeri 5-8-9-12 e 17-20. Procediamo, come non può essere altrimenti, dal causale, ovverosia dal gruppo di raggi di direzione 1-4 e poniamo negli effetti spirituali di questi raggi guidati da noi per:

- segno spiritualmente irrazionale-miticamente risolutivo '+'

- segno spiritualmente razionale vincolante   '_'

possiamo riconoscere tutti i 16 tipi di raggi direttori del regno materiale o materiale-organico dell'esistenza dai 4 raggi direttori spirituali riconosciuti con l'aiuto della tradizione, poiché i raggi 5-9-13-17 sono causalmente collegati ai raggi 1, 6-10-14-18 ai 2, 7-11-15-19 al 3, 8-12-16-20 al 4. In questo modo si ottiene la seguente tabella delle radiazioni di direzione per gli effetti spirituali contenuti e per gli effetti materiali e materiale-organici.

Sappiamo che questa tabella non ha valore senza la conoscenza dei combustibili primari, dei combustibili fini e dei tattva, e consideriamo nostro dovere pubblicare le conoscenze pertinenti. Sfortunatamente, questa conoscenza è così vasta che dovremo trattarla altrove. Tuttavia, almeno una cosa può già risultare evidente da questa tabella, e dunque che le sedi di gestione devono ottenere effetti molto diversi in epoche diverse.

Per illustrare questo fatto, prendiamo la sede di gestione del segno Pesci nell'Era dei Pesci e nell'Era dell'Acquario. Nell'Era dei Pesci questa sede lavora con i raggi di direzione 3-7-11-15-19, mentre nell'Era dell'Acquario lavora con i raggi di direzione 1-8-11-15-17, come si può vedere dal modello allegato. Così lavora in entrambe le epoche con gli stessi raggi di direzione per la produzione della sostanza fine *"Flod"* e del colore madre verde, ma altrimenti in Acquario con i raggi 1-8-17 invece dei raggi 3-7-19 con cui lavorava in Pesci. Ora la sede di gestione del segno Pesci secondo l'Ing. Hermann Vonhof è confermata al centro degli occhi e della memoria nel cervello. Se dunque, invece dei raggi causali :3:, che causano principalmente una spiritualità razionale e in netto contrasto irrazionale, i raggi :1: agiscono nell'occhio e nel centro della memoria, che producono principalmente una spiritualità irrazionale-mistica, che spinge verso un'intima armonia con la spiritualità razionale, allora da un lato l'occhio impara a vedere in modo completamente diverso, e dall'altro la memoria umana è completamente commutata. In Acquario l'occhio vede altri aspetti delle cose rispetto a quelli che vedeva in Pesci, e la memoria tende a conservare impressioni molto diverse. Per esempio, in Pesci l'occhio vedeva un cristallo, indagava il suo materiale e la sua struttura secondo gli assi, gli angoli assiali, le superfici esterne, eccetera, ma non vedeva la causa di questa formazione del cristallo e conservava solo le proprietà oggettive del cristallo che vedeva nella memoria. Quando l'occhio dell'Acquario guarda il cristallo, guarda in anticipo per vedere se non è riuscito a riconoscere qualche fine delle cause di questa formazione del cristallo, ovvero l'aspetto soggettivo di esso, il quale determina le proprietà oggettive del cristallo. E la memoria conserva allo stesso modo cose soggettive e oggettive. Di fatto, vediamo che la scienza e i rami dell'arte che lavorano principalmente con l'occhio come strumento si stanno già sviluppando interamente secondo l'occhio aquariano negli ultimi anni, senza che sia possibile dare una ragione sufficiente di questo sviluppo finora. Qui la vecchia cosmotecnica dei nostri antenati, da tempo dimenticata, che era tenuta in così bassa considerazione nell'Era dei Pesci, ci dà una spiegazione sufficiente per questo.

Ma la cosmotecnica ci insegna anche che la sede di gestione dei Pesci, che lavora sul centro della memoria, utilizza i raggi 8 e 17 in Acquario invece dei raggi 7 e 19 come prima. Cosa significa questo messaggio? Il raggio 7 produce l'acqua primordiale, ossia il più forte, e in effetti una forza vincolante puramente attrattiva nell'esistenza materiale, il raggio 8 la Terra primordiale, un gioco di forze in cui predominano le forze vincolanti attrattive, ma in cui sono coinvolte forze rotanti che producono già qualche allentamento. Il risultato di questo scambio di raggi che agiscono sul centro della memoria non può essere che un aumento delle malattie spirituali, che di fatto si sono già stabilite in modo spaventoso.

Allo stesso modo della sede di direzione del Pesci, potremmo anche confrontare tutte le altre 11 sedi di direzione per l'Era dei Pesci e dell'Acquario, e lo faremmo anche in un nostro lavoro, se ricevessimo una richiesta in questo senso da ricercatori seri. Qui dobbiamo accontentarci della breve indicazione che possediamo effettivamente, nel piccolo modello racchiuso dell'equazione della macchina a raggi del contro-sole, un eccellente aiuto per la delucidazione di molti fatti di natura cosmotecnica dell'esistenza.

Ai ricercatori che volessero creare modelli corrispondenti per altre epoche, ricordiamo che la numerazione di ogni modello inizia con la sede di gestione dal cui circolo di Tyr è denominata l'epoca in questione, e che la relativa serie di numeri di questa epoca, ossia 1-5-9-13-17 o 2-6-10-14-18 o 3-7-11-15-19 o 4-8-12-16-20 va scritto sulle cinque posizioni di direzione che circondano la rispettiva posizione di gestione, nella posizione di direzione opposta, nel senso opposto del puntatore primario, ovvero sempre a sinistra. Con questi 5 numeri inscritti, i 5 quadrilateri triangolari del corpo di penetrazione sono già definiti secondo il loro significato.

La numerazione delle ulteriori posizione di gestione va poi effettuata secondo la legge dei numeri, per cui il numero del raggio causale del segno Era-circolo di Tyr è sempre decisivo per il conteggio. Se, per esempio, qualcuno volesse produrre il modello della parabola della macchina a raggi per l'Era dei Pesci, il raggio causale 3 sarebbe decisivo per questo, così come il raggio causale 1 decide per il modello dato per l'Era dell'Acquario. Se volessimo derivare il modello per l'Era dei Pesci dal modello dato, dovremmo quindi partire dal numero 3 invece che dal numero 1. Se descriviamo i 5 angoli intorno ad un punto della rosa per l'Era dei Pesci con la serie di numeri 3-7-11-15-19, allora il 3 sta al posto dell'1 su quella superficie del quadrilatero triangolo causale dell'Acquario che ha i punti d'angolo 1-3-4, letti intorno a sinistra. Questa serie di numeri trasferiti all'area triangolare corrispondente del quadrilatero causale del triangolo dei Pesci ha un 3 al posto dell'1, ovverosia un numero più grande di 2. Di conseguenza, il 3 e il 4 devono anche avere numeri che sono ognuno 2 più grandi, ma rimangono all'interno del cerchio dei numeri.

(λ) La serie di numeri 1-3-4 è quindi 3-1-2 nella trasmissione, e va scritta con questi numeri intorno a sinistra sul modello dell'Era dei Pesci. L'angolo di questo modello con il numero 4 è quindi già determinato.

Allo stesso modo, tutti i numeri dei luoghi di direzione del modello dell'Acquario devono essere aumentati di 2 ciascuno, nel loro cerchio di numeri, per dare i luoghi di direzione dell'Età dei Pesci. Se facciamo questo, vediamo i 20 poteri reali della direzione ordinati in modo completamente diverso nell'Era dei Pesci che nell'Era dell'Acquario, sebbene la legge numerica dei loro ordini sia esattamente la stessa in entrambe le Ere, come in tutte le età. Le sedi di gestione, di cui quella con il segno Pesci è nella rosa iniziale, devono essere disegnate esattamente nello stesso ordine per i Pesci come per l'Acquario. Così nell'Acquario le sedi di gestione sono nello stesso ordine che nei Pesci. Questo non è vero per tutti, ma per un totale di 4 Ere, come si può facilmente dimostrare. Ci sono 3 ordini di gestione in tutto. Tuttavia, sarebbe troppo lungo discutere queste differenze in dettaglio qui, soprattutto perché le altre Ere sono troppo lontane da noi oggi per sfidare indagini approfondite.

Con questo, vogliamo concludere la 2° prospettiva in cui si considera la svolta del mondo nell'84.000 a.C. Anche se siamo stati in grado di dare solo un accenno al fatto che gli antichi riconoscevano la cooperazione di direzione e gestione in questo senso, speriamo di aver dato una prima chiara visione di questo settore, sul quale quasi nulla è stato pubblicato finora. La legittima sinossi degli effetti spirituali e materiali o materiale-organici, che gli antichi ci hanno lasciato con i loro 2 re di direzione e Freyja come padrona di gestione, con i 20 poteri reali di direzione e le 12 sedi di gestione, è in ogni caso di tale grandezza e potenza di sviluppo che attraverso di essa, a parte la sua ricchezza filosofica e fisica di visione, si possono unire in questo modo la psicologia e la biologia, ovverosia 2 delle più importanti scienze della vita, come gli "antichi Saggi" sono stati capaci di unirle attraverso i millenni allo scopo di elevare le razze umane, e come dovranno essere unite e riunite ancora in futuro, se l'Umanità, dopo gli sviluppi caotici degli ultimi decenni in campo razziale, non capirà intrinsecamente le rivoluzioni del XIX secolo, Che si riveli che una delle loro radici irrazionali più profonde era il desiderio di riconquistare quell'ordine, diciamo, biocratico che, dalla caduta del Gotico, è stato sempre più smantellato e infine, nell'epoca delle rivoluzioni lokianiche del secondo millennio d.C., è stato completamente perso. Questo ordine biocratico era basato sulle tradizioni della cooperazione di direzione e gestione. Quando pubblichiamo queste tradizioni, che sono state strettamente custodite fino ad oggi, lo facciamo spinti dalla nostra coscienza, per consegnare ai rivoluzionari sopravvissuti l'eredità ancestrale, senza la quale non potranno mai raggiungere il loro obiettivo. È quindi importante come questa eredità ancestrale viene accettata dall'umanità!

Procediamo con il chiarimento della 3° prospettiva in cui si può contemplare la svolta mondiale dell'84.000 a.C., quella prospettiva che abbiamo intitolato P-3 mortificazione e riordino dell'asta degli Asi. La runa-p è un'immagine della spina della sofferenza, la portatrice della sofferenza, e il 3 è il numero della svolta, della svolta, e quando poniamo l'equazione p-3 sopra questa sezione del nostro lavoro, tramandiamo così un pensiero che i nostri antenati hanno quasi contemplato con il più grande amore e dolore il pensiero di quella caduta senza pari nel nostro cosmo, il pensiero della caduta dell'asta degli Asi.

Sappiamo quale sofferenza ha portato all'umanità la rottura della procreazione cosmicamente regolata, la sperimentiamo quotidianamente e ogni ora nella sua forza, eppure rispetto alla sofferenza che questa svolta ha imposto agli Asi, è, secondo l'antica visione Nordica, solo misericordia. Per gli Asi fu l'inizio della fine, il preludio al Ragnarök, quel crollo completo di un regno un tempo brillante, potente e benedetto, che la Völuspa ci descrive in modo così sconvolgente, mentre per l'umanità rappresenta la fine di uno sviluppo estremamente duro e doloroso ma alla fine estremamente benedetto verso un progresso tremendo.

Come vedevano gli antichi gli Asi, come vedevano l'umanità, come vedevano la relazione tra i due, e come possiamo oggi fare luce sulla questione degli Asi?

Abbiamo già riportato la supposizione degli antichi della dimora degli Asi nel campo di forza della antica luna terrestre, inoltre la tradizione dell'antico effetto odhinnico degli Asi fino al 228.000 a.C. così come la separazione cosmotecnicamente causata in Asi odhinnici, baldurianici, thorianici e lokianici, sappiamo anche dall'Edda che gli antichi vedevano gli Asi come esseri. La tradizione riporta la concezione degli antichi di questi esseri, descrivendoli fisicamente come eterei, nel loro pensiero come bidimensionali, come pittorici, per cui l'esistenza non appare loro spazialmente come a noi, ma semplicemente come un film disegnato senza effetto di profondità, e inoltre come spiritualmente così altamente dotati che un solo Ase è capace di dominare i pensieri di mille persone. In realtà, dobbiamo dire che i corpi degli Asi odhinnici si pensava fossero costruiti di materia fine Meth, quelli dei baldurianici di materia fine Od, quelli dei thorianici di materia fine Etere e quelli dei lokianici di materia fine Flod, ma poiché non possiamo trattare la materia fine in dettaglio qui, dobbiamo astenerci dalla tradizione sui corpi degli Asi. Del resto, ciò che riportiamo è sufficiente per permetterci di riconoscere gli Asi, nonostante la loro dotazione spirituale così superiore alla nostra, come esseri riccamente unilaterali.

La loro coscienza è 0-dimensionale-puntata nello spirituale, come la nostra, ma nel materiale solo 2-dimensionale-piatta, mentre noi possiamo pensare 1-dimensionale-lineare, 2-dimensionale-spaziale e 4-dimensionale-organico nella nebulosità materiale. Come in tanti fenomeni noti dell'esistenza, lo stesso vale qui per la relazione tra gli Asi e gli esseri umani: L'unilateralità promuove il più alto sviluppo speciale, dà capacità straordinarie in campi speciali e il potere che ne deriva, ma significa sempre povertà dell'esistenza, mentre la multilateralità promuove l'incrocio reciproco delle disposizioni individuali, la frammentazione e il caos, impedisce la rapida ascesa alle più alte realizzazioni in campi particolari, ma sollecita lo sviluppo in molte direzioni con la reciproca considerazione delle direzioni individuali per l'altro e quindi significa ricchezza di esistenza.

Gli antichi non erano dunque abbagliati dalla conoscenza e dall'abilità degli Asi, per quanto impressionante sembrasse loro e per quanto ne trattassero in numerosi miti, conoscevano troppo bene la legge cosmica secondo la quale a chi ha molto viene sempre dato di più e a chi ha poco viene tolto il suo poco, e quindi derivarono da questa legge una straordinaria ascesa del genere umano, anche se solo in un grande tempo relativamente breve. Ma attraverso questa constatazione, che avrebbe potuto renderli molto ottimisti, risuonava qualcosa della più profonda partecipazione umana.

Gli antichi, con il loro fedele e grato ricordo di ciò che l'umanità doveva agli Asi in materia di educazione spirituale, seguivano con preoccupazione il graduale declino degli Asi, il quale avveniva in drammatico aumento con sempre maggiore accelerazione dal loro punto di vista spirituale, perché conoscevano fin troppo bene le inibizioni della materialità per la spiritualizzazione dell'esistenza terrena e apprezzavano molto l'aiuto degli Asi per la spiritualizzazione.

La "direzione", tuttavia, valutava l'asicità in modo diverso, basso, molto basso, e di conseguenza avevano deciso su di loro nel loro piano. Per la direzione, il campo di forza della luna, insieme agli esseri che vi abitano, il sovrano lunare Mani, gli Asi, eccetera. Una stazione di trasmissione nulla più. Il concetto di stazione di trasmissione è così comune nell'epoca tecnica attuale che non ha bisogno di essere ampiamente discusso. Ci accontentiamo quindi di affermare che la cosmotecnologia considera la luna come un amplificatore di certe onde cosmiche che devono colpire la Terra con una forza particolare.

La natura di queste onde cosmiche sarà senza dubbio determinata sperimentalmente un giorno da una nuova cosmotecnica sviluppata, ma è da confidare all'ammirevole capacità di osservazione degli antichi che hanno intuito la cosa giusta quando si riferivano alla luna come un amplificatore per tutti i 5 tipi di raggi che conosciamo, ma tra questi, almeno in passato, in modo speciale i raggi irrazionali e quelli dell'etereità bidimensionale. Questi sono i raggi che caratterizzano l'asicità.

Se la tradizione riferisce ora che prima dell'istituzione della direzione intorno al presunto 228.000 a.C., il campo di forza della luna con il suo sovrano Mani e i suoi Asi aveva un significato per la Terra e l'umanità superiore a quello di oggi, che soprattutto gli Asi, che a quel tempo erano noti per avere un effetto uniformemente odhinnico, esercitavano un potere di dominio quasi unico sull'umanità, allora dobbiamo esaminare cosmotecnicamente questo rapporto.

A tal fine, è necessario chiarire cosa si intende per "stabilimento di direzione". A questo proposito ci sono solo 2 possibilità:

1) O è corretta la teoria dei raggi degli antichi, secondo la quale per ogni raggio di luce solare l'energia motrice è fornita dal sole at-

tivo e l'energia formativa dal contro-sole passivo, allora una direzione dovrebbe agire nel contro-sole in qualsiasi momento nel nostro sistema solare, il che determinerebbe i necessari numeri di rotazione dei vari tipi di raggi solari,

oppure,

2) La teoria dei raggi degli antichi è sbagliata, allora non c'è mai stata e non ci sarà mai una direzione nell'antelio. Quindi o c'è sempre stata la direzione impiegata, o non ci sarà mai.

Una terza possibilità, che il nostro sistema solare fosse un tempo senza direzione e che tale direzione sarebbe stata utilizzata solo in un certo momento cosmotecnico, non esiste.

Tuttavia, il rapporto dell'iniziazione della direzione intorno al 228.000 a.C. può avere un significato profondo, molto profondo, ossia che la direzione che ha agito prima di questo punto nel tempo è arrivata alla coscienza dei proto-ominidi in modo diverso dalla direzione che ha agito dopo questo punto nel tempo. E questa supposizione può effettivamente anche essere corretta, essa trova già la sua spiegazione nelle condizioni di combattimento dei vecchi e nuovi soli da noi descritti, che non permettevano ancora quell'effetto peculiare, cosmotecnicamente così ben rintracciabile, della direzione dopo il raggiungimento finale del nuovo ordine nel nostro sistema solare. I due soli, che vorticavano l'uno intorno all'altro come stelle doppie, non rappresentavano un sistema in cui una direzione che agisse secondo le leggi più severe dal contro-sole avrebbe potuto realizzare i suoi grandi piani, equilibrati fino all'ultimo dettaglio. Il contro-sole è stato fatto girare vorticosamente nel suo punto conico proprio come il sole stesso, così che non ha mai potuto raggiungere un piano ordinato. Come risultato di questa relazione cosmotecnica, la direzione era anche in grado di promuovere lo sviluppo dell'umanità solo lentamente, molto lentamente. Se si decide di pensare alla direzione come un'entità, ci si potrebbe anche chiedere se un'altra entità era responsabile della direzione del destino della Terra circa nel 228.000 a.C., e se l'entità polo-bianco-nero conosciuta a noi oggi, che appare ai veggenti con le maschere di Utgarda-Loki e Krist, non si sia effettivamente insediata solo intorno al 228.000 a.C. Se siamo corretti nei conti della tradizione, la direzione non era l'unica. Se capiamo bene i racconti della tradizione, gli antichi tendevano a fare questa supposizione. Possiamo citare un certo numero di indicazioni dalle tradizioni sopravvissute per sostenere questa ipotesi, ma crediamo di poterci accontentare del fatto che i nostri antenati Nordici non hanno tramandato un essere polare ma apolare per il capo del mondo originario, proprio quel Kristur di cui il 52° capitolo dello *Skalskaparmal* sa più e più chiaramente di tutte le fonti cristiane meridionali su Cristo.

Per gli antichi, l'essenza della direzione stava, per così dire, sulla soglia tra il mondo divino delle cause e il mondo della rivelazione, ossia come un mediatore tra l'essere e l'apparenza. Come è noto, anche il cristianesimo tende all'assunzione di questo ruolo di mediazione, finora, però, in un fatale restringimento della visuale al polo bianco di direzione, il solo cristiano, che dà luogo a tutte quelle disastrose contraddizioni in relazione alla direzione del destino, che il cristianesimo dell'Era dei Pesci non è stato in grado di risolvere, tanto spesso quanto spesso e tanto strazientemente sono risuonate da innumerevoli sofferenti le lamentele sulle fatiche e sull'incomprensibilità dei colpi del destino. La dogmatica del cristianesimo che si sviluppò nel Sud mancava dell'ampiezza di visione e della chiarezza cristallina della mitologia Nordica, mancava dell'influenza decisiva Nordica, del chiaro riconoscimento del piano cosmico, e così nacque quel dualismo poco chiaro tra un mediatore apolare e guida degli eventi mondiali, "Cristo-Messia l'Unto", che appare come il figlio di un Dio luminoso, nobile e onnipotente, e un principio malvagio che lo combatte, di cui nessuno sa come sia venuto all'esistenza e come un Dio onnipotente e buono abbia potuto lasciarlo nascere e tramite esso corrompere la sua creazione. Sarà uno dei compiti fondamentali dell'Era dell'Acquario redimere l'umanità da quel dogma dell'Era dei Pesci del Cristianesimo con l'aiuto della mistica Nordica del mondo polare appoggiato e riportare Utgarda-Loki e Krist alla coscienza come le due necessarie controparti di un lungimirante piano divino di elevazione dell'umanità. E saremo giustificati nell'assumere questa guida del mondo polare alla soglia tra l'essere e l'apparenza, poiché secondo la chiara formulazione del mito Nordico ci sono 20 raggi guida che guidano la nostra esistenza, per cui il numero 20 nel capitolo 66° dello Skaldskaparmal si tramanda l'equazione 20=*drott*=soglia.

Solo conoscendo il significato dato dei 20 raggi direttori si capisce perché nel 52° capitolo dello *Skaldskaparmal* Kristur è chiamato il creatore del cielo e della Terra, degli angeli (questi sono gli esseri del contro-sole invisibile formativo) e della conoscenza del sole motore visibile, inoltre come il direttore di tutte le residenze eccetera. Che l'apolare Kristur fosse venerato dagli scaldi come il capo del mondo o creatore del nostro mondo in uno stadio precedente della creazione è riportato nel modo più eloquente nel laconico 7° detto runico norreno dedicato al 7° bastone runico *"Hagal"* del Futhork scaldico:

Hag'l er kaldastur korna
Kristur sko'p heiminn forna

La traduzione letterale della seconda riga proclama che Kristur ha creato le residenze dei tempi preistorici, che ha così dato ai vari esseri del nostro mondo esistenza e luogo di sviluppo nei tempi preistorici, quindi anche scopo di esistenza e direzione. Kristur, tuttavia, è apolare, e il tempo preistorico in cui il Kristur apolare ha creato il nostro mondo può essere riconosciuto cosmotecnicamente solo come il tempo prima dell'istituzione della guida del mondo polare "Utgarda-Loki-Kristur".

Cosmotecnicamente, tuttavia, la prima riga del detto è anche estremamente informativa, anche se la sua traduzione letterale "Hagal è il più antico grano" sembra molto infantile. *"Hag'l"*, però, qui sta per *"Hagal"*, il 7° bastone runico del Futhork scaldico. Il simbolo di questo bastone runico, il fiocco di neve, ricorda la freddezza dello spazio del mondo, da cui proviene anche la grandine, il grano più freddo. Per il cosmotecnico, questo bastone runico è particolarmente importante, perché è un'immagine della runa *Hagal* che custodisce l'intero universo e quindi rappresenta una parabola di tutte le dimensioni della coscienza. Il suo centro è una somiglianza dello zero-dimensionale, ogni singola barra è una somiglianza dell'1-dimensionale, l'immagine piatta è una somiglianza del 2-dimensionale, l'immagine concepita spazialmente è una somiglianza del 3-dimensionale, o immagine in movimento è una somiglianza dello stato di coscienza 4-dimensionale. La runa *Hagal* è quindi la runa legante onnicomprensiva, che può essere completamente a disposizione solo di Uno, il creatore e guida del mondo, il Kristur.

Per questo motivo, la runa *Hagal* forma il pezzo principale del cosiddetto monogramma di Cristo

una runa vincolante di *Hagal* e *Perth* (conduttore di cavalli). Questo monogramma designa dunque Kristus come il portatore del potere di *All-Hege,* come lo veneriamo ancora oggi. La spiegazione cristiana del monogramma come di origine greca da 'X-ch' e

'P-r', le due lettere iniziali di "Christos" è così povera accanto alla lettura scaldica che non può essere affatto paragonata. Il monogramma può quindi essere affrontato come la chiave di volta della catena di prove dell'origine Nordica della parola d'ordine "Kristur". È ancora valido oggi per il polo bianco del potere direttivo, che una volta apolare ha portato alla creazione del nostro mondo, ma è stato esteso dal polo nero al momento del cambiamento del mondo del 228.000 a.C. Agli scaldi, tuttavia, questo appariva solo come un acceleratore, come un acceleratore di sviluppo, attaccato al polo bianco di direzione del "tempo". Lo vedevano quindi come finito-finale, il polo bianco, invece, come infinito, uno con la causa infinita dell'esistenza, ovverosia con ottenuto, quindi come "causale". La figura gemella della guida "Krist-Utgarda-Loki" illustra quindi anche la connessione fondamentale tra le due più grandi leggi della nostra esistenza, causalità e finalità.

Dal punto di vista dell'*Hagal* e dello spazio freddo, gli antichi vedevano anche la sede degli dèi sulle cime delle montagne, che sono costantemente in Uno e Neve, ma questo solo come parabola all'Ur-Iss. La Dottrina del Ghiaccio Cosmico di Hörbiger è nata da questa conoscenza, solo che Hörbiger l'ha collocata nello spazio e nel tempo, e questo è stato il suo errore.

Dal punto di vista cosmotecnico, la questione del lato dell'entità della direzione è meno importante; cosmotecnicamente, la conoscenza dell'insufficiente possibilità di governare prima del raggiungimento del riordino perfetto nel nostro sistema solare è già sufficiente, e si pone la questione di come la direzione potrebbe a quel tempo governare in modo ordinato secondo un piano fisso? Questa domanda è relativamente facile da risolvere se ci si ricorda della Luna a quel tempo, che, solo leggermente influenzata dai movimenti dei vortici dei due soli contendenti, orbitava intorno alla Terra in circa 23 giorni. Anch'essa, naturalmente, mostrava certi schemi di illuminazione, ma questi 1° non apparivano particolarmente impressionanti a causa della luce spenta del nuovo sole e lo stato rosso incandescente del vecchio, e 2° in nessun ordine fisso a causa dei movimenti vorticosi dei due soli. L'aspetto della Luna quindi fluttuava in quel momento ed era a volte più luminoso, a volte più scuro, forse a volte più bianco, a volte più rosso, a volte più fortemente illuminato da questo lato, a volte dall'altro lato, ma in ogni caso era così poco impressionante nelle sue differenze che la gente poteva considerare l'essenza dello spazio lunare come uniforme.

Per la direzione, 2 caratteristiche di questa luna erano significative:

1) La sua utilizzabilità come ripetitore e specchio,

2) Il suo periodo orbitale regolare.

Quest'ultima qualità, come già riportato, divenne la causa del periodo di 23 giorni della sequenza di vita, che gioca ancora un ruolo importante nella vita terrena. La prima qualità significava che certi raggi che raggiungevano la Terra dalla Luna e che avevano un'influenza duratura sulla vita terrena erano pensati o visti in connessione con esseri dotati in modo corrispondente. La Luna naturalmente amplificava e rifletteva sulla Terra i raggi 0-1-2-3 e 4-dimensionali, e si attribuiva l'amplificazione dei raggi alla Terra, e si attribuiva l'amplificazione della rifrazione della maggior parte di questi raggi al dominatore della Luna, poi chiamato Mani, ossia il Consideratore o Misuratore, con i suoi esseri ausiliari, ma tra questi ultimi si considerava e si riveriva come particolarmente importanti coloro che lavoravano con il risveglio spirituale, 0-dimensionale, così come con i sottili raggi 2-dimensionali, gli Asi. Questi sono stati riconosciuti a quel tempo come uniformemente benevoli-promotori, ossia come odhinnici, perché hanno anche svolto un enorme lavoro di sviluppo, che in retrospettiva può essere apprezzato correttamente solo se si ricorda che hanno aiutato gli esseri umani a svilupparsi verso l'alto, per così dire, da zero. Tutto ciò che gli esseri umani, dall'essere individuale più basso a quello più altamente sviluppato, hanno in istinti preziosi, costruttivi, di conservazione della specie che non possono essere persi, fu impiantato nell'umanità dagli Asi odhinnici in quei lunghi periodi di lotta tra i due soli, dunque in circa 1 1/4 milioni di anni, nel lavoro più fedele, più instancabile, più laborioso. Gli Asi odhinnici di quel periodo possono quindi essere brevemente e accuratamente descritti come gli allevatori dell'istinto di costruzione e conservazione della specie nell'umanità.

Poiché erano allevatori di istinti, si può immaginare in una certa misura quanto deve essere stata potente la venerazione istintiva della pre-umanità di quel tempo per i loro educatori asici. Dobbiamo quindi, a partire dall'antica concezione degli esseri, esprimere l'ovvio pensiero che, come risultato della venerazione istintiva degli Asi, essi dovevano svolgere nell'immaginazione dei proto-ominidi un ruolo ancora più grande della loro già riconosciuta realizzazione significativa, così che erano, in altre parole, eccessivamente venerati. Ogni venerazione che va oltre il dovuto è malsana e quindi pericolosa, perché offusca la visione dei veneratori per la totalità di ciò che deve essere venerato. E la salute di ciò che deve essere adorato dagli uomini non può essere che il *god*, il *god* non rivelato nelle sue imperscrutabili ragioni primordiali e il *god* nel Tutto Io Unico della sua rivelazione.

Finché gli Asi erano uniformemente odhinnici, essi stessi assicuravano che l'adorazione del *gut* fosse al centro di tutta l'esistenza umana e che le entità aiutanti, ossia Mani, i Vani, gli Asi, eccetera fossero considerati solo come servitori del *gut* rivelato. A quel tempo, tale lavoro educativo poteva essere svolto in modo altrettanto semplice e impressionante sugli esseri umani, poiché i sensi interiori erano meglio sviluppati e utilizzabili di quelli esterni. Gli Asi riflettevano davanti a questi sensi interiori l'universo incommensurabile da adorare, con il quale erano in connessione iconica, ma stando sulla soglia tra il mondo divino non rivelato e quello rivelato e adorando l'universo, il controllore dell'esistenza e tutto il resto, Mani, Vani, Asi eccetera, a una distanza indebita dal controllore del mondo, ma uniti a lui nell'adorazione del *gut*. Tuttavia, non era solo una visione interiore in cui i proto-ominidi sperimentavano tali immagini, ma sentivano anche voci soprannaturali, assaporavano voci indescrivibili, odoravano profumi inebrianti, assaggiavano delizie indescrivibili, provavano sentimenti di rapimento. In questo modo avvincente e commovente, la religione primordiale fu impiantata nei proto-ominidi dagli Asi odhinnici.

Ma questo cambiò rapidamente dal momento in cui il sistema solare aveva subito la sua riorganizzazione finale, il nuovo capo celeste con i poli bianco e nero, così come il suo messaggero di luce e fuoco *"Farbautr"* erano stati installati, e l'asta degli Asi sperimentò la loro quadruplice divisione. Da questo momento in poi, non solo le immagini che rispecchiano gli Asi odhinnici, thorianici e baldurianici apparvero davanti ai sensi interiori degli uomini. Una tale molteplicità di immagini, che cambiavano ritmicamente con le quattro fasi lunari, approfondiva la connessione cosmica del popolo, gli insegnava a prestare attenzione alle fasi lunari e al loro significato spirituale e materiale, ma approfondiva anche l'eccessiva venerazione di coloro che riflettevano queste immagini davanti ai sensi interiori del popolo, ovvero gli Asi. E da questo nacque il più grande pericolo per la religione primordiale, perché tra gli Asi c'era Loki, che pretendeva in misura sempre maggiore quell'adorazione che era dovuta solo alla Onnipotenza di *god*.

Inoltre, l'affermazione di Loki era supportata nel modo più convincente dal noto saluto della luce, il quale doveva essere eseguito ogni giorno durante il semestre invernale. Questo saluto di luce non era più destinato al dio stesso, ma al suo mediatore, il capo del mondo con i due poli e le due maschere. E anche se la maschera

Krist era più bella, più radiosa, più deliziosa della maschera Utga-dra-Loki il potere temibile era con quest'ultima, poteva regnare, poteva dare riverenza alle persone che erano accessibili agli influssi lokianici, come risultato del loro essere ricevuti in luna piena, e tale venerazione poteva, anzi doveva, passare agli esseri al servizio della direzione, il sovrano Santur Farbautr e suo figlio Loki, il simbolo del potere lokianico-asico. Così la religione primordiale con la sua sola adorazione del *gut* fu respinta in tutta l'umanità che poteva essere influenzata da Loki, e la porta fu aperta all'adorazione delle entità.

Se le forme unisessuali proto-ominidi fossero state già in grado di pensare e parlare come gli uomini sono in grado di fare oggi, la gestione in adoratori di god e Loki avrebbe avuto circa lo stesso effetto della divisione attuale in credenti della chiesa e senza Dio, ma a quel tempo, poiché il pensiero e la parola non erano ancora sviluppati, la razza spiritualmente avanzata dei Kymri non poteva comunicare con il popolo ottuso delle razze di Stainkinder, allora, poiché quasi ogni espressione dell'esistenza era puramente istintiva, la divisione religiosa doveva mettere in discussione l'intera esistenza del genere umano. Perché Loki, con le immagini che rifletteva davanti ai suoi adoratori, faceva appello ai loro istinti, agli istinti più bassi. La paura di lui, la speranza di migliorare l'esistenza attraverso l'uso dell'astuzia, dell'inganno, del furto, eccetera, una sofferenza inimmaginabile entrò così nell'umanità, e questa sofferenza fu resa ancora più grande dal fatto che gli Asi baldurianici e thorianici intervennero nella battaglia degli istinti.

Le immagini che Baldur rifletteva a coloro che potevano essere influenzati da lui, li spingeva a unirsi in alleanze leali a *god*, alleanze piene di incomprensione per ogni specie e gravate da tutte le conseguenze che tale mancanza di comprensione doveva produrre. Le immagini che Thor riproduceva sui suoi erano ancora più sinistre, perché facevano sì che gli influenzati thorianici diventassero ostili contro gli influenzati lokianici, per spingerli fuori dalle comunità, da cui la violenza e l'odio dovevano crescere.

Le tensioni e gli attriti risultanti tra i proto-ominidi portarono infine al già segnalato reinsediamento di questi nelle 4 regioni di Asgard, 2 delle quali, ovverosia quelle ai due poli di rotazione della Terra, erano già state colonizzate prima della pre-Umanità polare, così che in realtà solo Asgard Est e Ovest furono reinsediate per prime. Dopo che il reinsediamento fu completato, i Lemuri thorianici vissero ad Asgard Nord, i Lemuriani odhinnici ad Asgard Est, i Lemuri lokianici ad Asgard Ovest e i Lemuriani baldurianici ad Asgard Sud. Questo ha portato al fatto notevole che i Lemuri lokianici e odhinnici hanno dovuto trasferirsi in nuovi insediamenti, mentre i Lemuriani thorianici e baldurianici hanno mantenuto i vecchi insediamenti. Il fatto che i Lemuriani odhinnici in particolare abbiano dovuto cedere il passo fa pensare che coloro che lottano di più per la perfezione e l'armonia dell'esistenza non possono affermarsi secondo il loro genere. Tuttavia, c'era anche un'importante ragione cosmotecnica per il reinsediamento dei Lemuriani odhinnici nell'Asgard dell'Est, nell'attuale deserto del Gobi. Asgard Est era il polo formativo della Terra e come tale la sede degli esseri quadridimensionali dei Vani e dei loro ausiliari, i quali costruiscono gli organi degli esseri viventi terrestri densi e devono mantenere e perfezionare costantemente tutta la vita organica. Poiché tutta la vita e ogni sua perfezione emanano dall'anima, ma l'anima era inclusa nella coazione a immaginare (*Andwarinautr*) dell'Io solo attraverso il risveglio dell'Io, dal risveglio dell'Io è nata un'influenza per l'anima come risultato della sua connessione con l'anima. Questa influenza poteva avere sia un effetto inibitorio che propositivo, un effetto propositivo quando l'Io, educato dagli Asi odhinnici, sapeva di essere un tutt'uno con il divino Tutto Io Unico, rimanendo così in armonia con il *gut*, inibente, quando l'Io, innalzato da Loki, uscito dal divino Tutto Io Unico, cade in quell'opposizione ad esso, che si chiama solitudine dell'Io o contrazione dell'Io, e che così frammenta l'armonia della creazione.

Quest'ultimo sviluppo, che ha preso piede in tutti i Lemuriani lokianici e si è annunciato nei Lemuriani thorianici e baldurianici, ha dovuto restringere la vita e quindi rendere più difficile il compito dell'esistenza dei Vani, perché ha causato quel fenomeno che da allora è diventato una fonte di male continuo per tutta l'umanità, la divisione in razze che si fraintendono e si combattono. Se i Vani dovevano continuare a svolgere il loro compito di esistenza per l'umanità nonostante questa difficoltà, dovevano rendere urgente all'umanità l'aspetto unificante dell'umanità, ossia il grande piano di sviluppo umano della direzione, e avevano bisogno sia degli Asi odhinnici, come educatori dell'umanità capaci di questo, sia dei Lemuriani odhinnici.

Ma perché i Lemuriani odhinnici? Se ricordiamo le 4 forme allevate nel corso dei millenni, guide dell'umanità, Femanen, Samanen, grandi masse, abbiamo visto le 3 forme superiori educate alla capacità di assumere comandi di direzione e di umanizzare le grandi masse, ossia di andare avanti in modo comprensibile, convincente. Finché la vecchia direzione era in carica, questa ricezione e trasmissione dei comandi direttivi avveniva in uno stato puramente mediale, ovvero inconsciamente, ma dal momento dell'insediamento della nuova direzione in poi, con il risveglio dell'Io, questo aspetto dell'esistenza ha sempre più varcato la soglia della coscienza. I Lemuriani dei loro doveri, riconobbero anche la separazione dei loro compiti secondo la gestione dell'umanità, l'amministrazione della giustizia, l'amministrazione della saggezza e cominciarono a formare delle caste di conseguenza per la cura di questi compiti, apparve la stratificazione sociale consapevole dell'umanità. Questa stratificazione fu resa ancora più impressionante dal fatto che, come già riportato, la lingua cominciò a svilupparsi in quel periodo, permettendo alle caste di stabilire culti con le proprie usanze rituali. Poiché il linguaggio di quei proto-ominidi era ancora un'espressione dell'anima, aveva un effetto creativo-magico sulle persone e sulla natura, sull'ambiente e su chi parlava, dall'anima collegata a Dio. Ancora oggi ci sono persone che, nonostante la dissacrazione generale della nostra lingua, evocano tali effetti linguistici su scala modesta.

La magia della parola era disponibile per i Lemuriani odhinnici, baldurianici, thorianici e lokianici, e ognuno di questi Lemuriani ha imparato la magia dall'asta degli Asi che li ha educati. L'effetto di questa educazione alla magia di esseri completamente inesperti può essere immaginato in una certa misura se si considera che i Lemuriani odhinnici, baldurianici e thorianici furono introdotti agli inizi della cosiddetta magia bianca, i Lemuriani lokianici, alla cosiddetta magia nera, e dunque la cosiddetta magia bianca a sua volta fu nuovamente divisa in modo disastroso. I Lemuriani thorianici impararono ad allontanare e combattere la magia lokianica, i Lemuriani baldurianici impararono a creare stati di esistenza che, nei loro termini e per le condizioni del tempo, apparivano radiosamente gloriosi, ma che in realtà erano troppo inclini ad essere per incoraggiare lo spirito di orgoglio per i meriti della propria specie e l'intolleranza verso qualsiasi altra specie, i Lemuriani odhinnici essendo educati ad una magia che doveva servire tutta l'umanità senza distinzione di tribù, non erano quindi né compresi né apprezzati dai Lemuriani thorianici o baldurianici, ma misconosciuti e sminuiti da entrambi. I discepoli della magia bianca presentavano quindi esattamente lo stesso quadro di allora come lo presentano ancora oggi, se si può ancora parlare di magia bianca e di possibili studenti di essa alla fine dell'Era dei Pesci: erano un gruppo di esseri reciprocamente in contraddizione, in lotta tra loro e quindi poveri di potere e meschini, destinati in termini di guida a perdere nella battaglia contro la spietata magia nera dei Lemuriani lokianici, i quali erano uniti entro loro stessi.

Perché questa cosiddetta magia nera si basava su una comprensione risvegliata delle necessità e delle possibilità dell'esistenza terrena, si sforzava di rendere la Terra utilizzabile per l'Umanità, quindi risvegliava e promuoveva i sensi esterni per quanto questo era possibile nello stato di sviluppo di quel tempo, educava l'Io razionalmente influenzato del lokiano a mostrarsi superiore all'Io influenzato dalla mente dei maghi thorianici, baldurianici e odhinnici e a sfruttare ogni debolezza degli altri. Se i thorianici si stringevano nell'odio, il lokianico sapeva come rimandare magicamente questo odio ai thorianici, in modo che dovessero odiarsi e combattersi tra di loro, e se i baldurianici tendevano all'orgoglio e al disprezzo di un altro tipo, il lokianico sapeva come esagerare e ingigantire magicamente queste debolezze, per mantenere i baldurianici in questo modo per un bel po' di tempo e per superarli tanto più sensibilmente nelle prestazioni in qualche settore o per danneggiarli con astuzia e violenza. Solo i Lemuriani odhinnici non sono stati avvicinati magicamente.

Il male che gli Asi fecero con la loro educazione alla magia dei Lemuriani, completamente inesperti, fu indescrivibile e rese, come già detto, impossibile un'ulteriore convivenza tra le 4 tribù. Inoltre, la magia della parola, poiché aveva un effetto retroattivo sui maghi, come detto sopra, li influenzava anche in modo organicamente consapevole. E questa ripercussione della magia minacciava di fermare lo sviluppo organico corporeo uniforme dei Lemuriani, che i Vani erano incaricati di realizzare. In questo modo, gli Asi e i Vani entrarono in conflitto, e iniziò la prima fase di una lotta tra i due, che è durata per migliaia di anni, una lotta che è stata combattuta aspramente con tutti i mezzi a disposizione di entrambe le parti per l'influenza sull'umanità, a volte come una lotta aperta con conseguenze terribili per l'umanità, e a volte, dopo un accordo chiuso tra gli Asi e i Vani, come una lotta nascosta di competizione nel campo del progresso dell'umanità, per la salvezza del genere umano, ma tuttavia anche in questa forma più dolorosamente sensibile per l'umanità.

Abbiamo cercato di ritrarre lo sviluppo che ha portato alla battaglia tra gli Asi e i Vani, e ora dobbiamo affrontare la questione di come la direzione è arrivata a questa battaglia. Naturalmente, per la direzione in bianco e nero, solo l'affermazione di questa lotta era possibile, poiché essa apriva vie di sviluppo e progresso accelerato, che erano interamente nel senso del piano direttivo per l'elevazione dell'umanità, ma per la direzione era necessario avere questa lotta e tutte le sue conseguenze completamente in mano, per poterla sfruttare completamente per i suoi fini. Il trono della direzione nel contro-sole, il controllo lì dei numeri di oscillazione di tutti i raggi che vibrano verso la Terra, la luna e i pianeti, verso i Vani, gli Asi e gli umani e tutti gli altri esseri del nostro sistema solare, ha fornito alla direzione i prerequisiti cosmotecnici.

Quando si arrivò al primo scontro tra i doveri di esistenza Vanici e Asici, le cause e gli obiettivi della lotta emergente non erano affatto chiaramente riconoscibili da entrambe le parti. Ambo le parti in lotta si riferivano al loro destino creativo originale, entrambe a ordini direttivi espliciti, entrambe rivendicavano il diritto all'effetto senza ostacoli dei loro doveri di esistenza, ed entrambe potevano indicare il fatto che avevano appena sperimentato un'espansione dei loro doveri di esistenza. I Vans dovettero costruire 8 nuove sedi di gestione oltre alle 4 originali e per integrarle nel corpo umano, gli Asi dovettero svolgere il più difficile lavoro educativo su forme umane non sufficientemente preparate invece di quelle fino ad allora uniformemente odhinniche e quadruplicate. Sia i Vani che gli Asi furono così messi di fronte a compiti in parte nuovi, e a questo scopo ebbero su di loro il nuovo potere di direzione, i cui comandi, pur provenendo da una volontà uniforme e servendo un piano uniforme, apparivano ambivalenti, e anzi principalmente neri, turbando l'armonia dell'esistenza.[16]

Quindi è stata la direzione che ha portato Vani e Asi all'opposizione, ed è rimasta la direzione che ha promosso questa opposizione e l'ha sfruttata per i suoi scopi. Per il momento, tuttavia, per il periodo dal 228.000 all'84.000 a.C., la direzione ha reso la lotta relativamente mite. Confermò agli Asi il loro dovere di educare i Lemuriani in quattro parti e obbligò i Vani a prendere in considerazione le ripercussioni fisico-organiche della pratica della magia sui maghi Lemuriani. Si schierò così apertamente con gli Asi, aumentando il loro potere, la loro coscienza e la loro indebita riverenza da parte degli umani. Ma hanno anche facilitato i Vani nello svolgimento dei loro nuovi compiti, ordinando l'insediamento della comunità dei Lemuriani a quattro colonne. C'erano diverse ragioni ovvie per cui ordinarono ai Lemuriani odhinnici di emigrare nel Polo Est, in quello che oggi è il deserto del Gobi:

1. Il Polo Est era la sede dei Vani, i quali dovevano plasmare tutta l'umanità e ai quali si adattavano perfettamente i Lemuriani odhinnici, la cui magia promuoveva anche l'elevazione di tutta l'umanità senza distinzione di tribù.

2. L'atteggiamento dei Lemuriani odhinnici verso i *gode*[17] non era cambiato, erano così rimasti nella religione primordiale e non avevano nessuna inclinazione per l'eccessiva venerazione degli esseri, ossia gli Asi, per continuare a preservarli dalle influenze della venerazione degli Asi e quindi conservarli come rappresentanti

---

[16] L'armonia dell'esistenza è descritta nei miti Nordici come *"gold-güll"* e in Islandese antico come *"gall"*. Ecco perché la veggente nel Völuspa riferisce che la prima guerra mondiale, quella dei Vani e Asi, è sorta quando hanno colpito con le lance *Gulveig*, la purificazione dell'oro, l'armonia, che è stata portata dal fuoco. Le lance sono spesso usate come simbolo dei raggi del sole, ma questi, come sappiamo, stanno nel potere di direzione al posto opposto del sole.

[17] Plurale di *god*, N.d.T.

della religione primordiale per i tempi successivi, non c'era mezzo più affidabile che stabilirli al Polo Est, con i Vani che erano opposti agli Asi.

3. La direzione aveva previsto la caduta degli Asi dalla loro esorbitante posizione di potere, e questa caduta minacciava in modo molto particolare quelle persone che erano state educate al polo cosmico di volontà della Terra, all'allora Polo Nord, ossia il thorianico, la cui educazione per diventare il popolo di identità della successiva razza Nordica doveva diventare significativa per tutta l'umanità.

Con la caduta degli Asi, questi Nordici thorianici hanno dovuto rompere il potere dell'esistenza, e solo l'appoggio dei Nordici thorianici verso gli odhinnici orientali avrebbe potuto poi salvarli nella lotta contro le controforze occidentali-lokianiche e meridionali-baldurianiche. Questo supporto orientale-odhinnico doveva diventare tanto più prezioso per il thorianico Nordico, quanto più intimamente l'odhinnico orientale era stato per lungo tempo nella più stretta comunità di esistenza con i Vani formatori di vita e quanto più conoscenza e abilità formatrici di vita erano quindi in grado di impartire al thorianico Nordico. Fino ad oggi e per tutto il futuro, la cooperazione dell'umanità orientale odhinnica e Nordica thorianica forma le basi di ferro di tutta la generosa costruzione dell'umanità e della cultura. Tutto il meridione-baldurianico e l'occidente-lokianico è solo una controparte di questa costruzione.

Il fatto che solo una parte dell'umanità abbia combattuto durante questo periodo, i figli d'estate Lemuriani, fu decisivo per il regolare svolgimento della lotta Asi-Vani dal 228.000 all'84.000 a.C., poiché i figli d'inverno kymrici rimasero puramente odhinnici durante questo periodo grazie all'organo di aggancio di Freyja nella parte posteriore dell'emisfero destro del cervello. I Kymri, erano facili da muovere mentalmente, erano ben protetti, e i Lemuriani, erano esposti all'influenza degli Asi, erano così difficili da smuovere mentalmente che avevano bisogno della più forte influenza degli Asi se volevano svilupparsi mentalmente. Da questo punto di vista, i Lemuriani orientali-odhinnici erano in svantaggio rispetto alla loro tribù sorella con una diversa educazione asica, e questo svantaggio caratterizza ancora il ceppo ereditario orientale.

I Kymri, che rimanevano puramente odhinnici, non avevano quindi bisogno di essere reinsediati, potevano rimanere nei loro luoghi di nascita al Polo Nord o Sud. A questi poli, si sono così sviluppati in comunità con i Lemuriani thorianici e baldurianici. E anche se potevano comunicare con loro solo con difficoltà a causa delle differenze di pensiero e di lingua, la comunità di vita di centomila anni doveva causare un'influenza reciproca. La via odhinnica dei Kymri poteva naturalmente influenzare solo leggermente la più forte educazione thorianico-asica o baldurianico-asica dei Lemuriani del Nord o del Sud, ma la magia odhinnica dei Kymri beneficiava il thorianico nella stessa misura. I Lemuriani del Nord e del Sud videro nei nobili e sempre fraterni Kymri delle loro comunità dei compagni sulla Terra di una rappresentazione superiore, accettarono volentieri da loro, per quanto potevano accettare qualcosa da loro, e specialmente le 3 classi superiori dell'umanità Lemuriana capi, Femanen e Samanen, presero dai Kymri molte cose che, grazie alla magia odhinnica dei Kymri, furono integrate permanentemente nell'eredità Nordica e meridionale dei Lemuriani. I Lemuriani del Nord hanno avuto un'educazione thorianico-asica con un senso di severa giustizia, i Lemuriani del Sud hanno avuto un'educazione baldurianico-asica con un senso di disponibilità e di costruzione della comunità basata sulla comprensione reciproca e sull'inclusione. Considerando che i Lemuriani sono stati educati a svolgere un duro lavoro fisico, si può immaginare quanto sia stata preziosa per loro l'influenza odhinnica, che da un lato ha portato la giustizia, il giudizio equo delle prestazioni, e dall'altro l'amore, l'amorevole unione nelle comunità del Nord e del Sud. I Kymri, che secondo le loro disposizioni erano al di sopra delle cose di questa Terra e il cui contenuto terrestre dell'esistenza fioriva solo grazie alle cure dei loro fratelli terrestri Lemuriani, divennero così ricchi di contenuto e degni di vivere insieme ai Lemuri thorianici e baldurianici.

Se si riassume il punto di vista retrospettivo dell'attività asica sul lemurianesimo, si può affermare che esso ha contribuito enormemente al risveglio dell'Io nell'umanità e ha avuto un effetto del tutto benefico come risultato dell'insediamento delle tribù Lemuriane. Quest'ultima affermazione vale anche per i Lemuriani occidentali, la cui educazione razionalista ha avviato un'importante linea di sviluppo spirituale nell'umanità, una linea di sviluppo che era indispensabile per apprendere l'antica padronanza della terra materiale. Anche se quei 144.000 anni di sviluppo Lemuriano avevano portato ad un'eccessiva venerazione degli Asi in tre tribù Lemuriane e nei Lemuriani occidentali la religione originale era stata sostituita da una pura venerazione di Loki, gli opposti erano stati eliminati e gli animi si erano nuovamente calmati dopo l'insediamento. Inoltre, i Lemuriani erano spensierati e felici durante il duro lavoro fisico, veramente spensierati, perché non c'erano preoccupazioni per l'alloggio, il cibo, i vestiti o le malattie. Il duro lavoro che i Lemuriani dovevano fare sotto la guida degli asici, e che era prezioso per la formazione del corpo e lo sviluppo della visione oggettiva e del pensiero, non era per la fornitura di un riparo, di cibo o di vestiti, ma solo per la costruzione di ampi luoghi di culto, per i quali intere montagne venivano ammassate, laghi creati ed enormi pietre incastonate. Le condizioni di esistenza erano davvero paradisiache, soprattutto perché non c'era divisione dei sessi.

Quando la divisione nei due sessi avvenne intorno all'84.000 a.C. dopo la cattura della luna nuova, l'umanità era minacciata da una tale abbondanza di pericoli che la direzione dovette considerare la continuazione dell'esistenza del potere divisivo degli Asi sulla scala precedente come un potere troppo divisivo per l'umanità. Per questo motivo, decretò la diminuzione del potere asico che abbiamo già appreso dal mito del collare di Brisinga, «Loki se ne andò per un po', il che fece star bene vari esseri», e Odhinn fu sollevato dal suo precedente ufficio di grande educatore dell'umanità, ufficio che fu immediatamente assunto dalla direzione con i suoi due poli.

Cosmotecnicamente, questa diminuzione della potenza asica si spiega con l'esistenza di due lune terrestri, che riflettevano tutte e due i raggi direttori e quindi spesso interferivano l'una con l'altra nel loro effetto, talvolta anche rinforzandosi reciprocamente. Per quanto riguarda gli esseri, l'antica idea diventa evidente che due lune terrestri significavano due sedi degli Asi e quindi una divisione dell'asicità, che doveva limitare il loro potere. Ciò è dovuto soprattutto al fatto che la Luna appena catturata era più lontana dalla Terra della vecchia luna Febo, come si può vedere dai periodi orbitali di 28 contro 23 giorni. Dedurre cosmotecnicamente una diminuzione della potenza asica dalla maggiore distanza della nuova luna ci sembra a prima vista forse un po' azzardato, poiché può essere indifferente per l'effetto riflettente della Luna se qualcosa avvicina la sua orbita o la allontana dalla Terra. Per chiarire questo, dobbiamo tenere presente che la gente di quei primi tempi guardava gli Asi con i loro sensi interiori, non gli Asi stessi, naturalmente, ma certe maschere di loro. Non gravati da alcuna idea cosmotecnica, erano così in grado di vedere se la maggiore distanza della nuova luna avesse qualche effetto sulla potenza degli Asi. Secondo la loro visione, fu così: videro gli Asi fluttuare su e giù tra la Terra e la nuova luna come lungo una scala lungo le linee di forza, come ci viene detto nel noto sogno di Giacobbe nella Bibbia, e videro che gli Asi non avevano più la possibilità con la nuova luna. Le linee di forza tra la Terra e la nuova luna non permettevano più alcun traffico di Asi tra i due corpi celesti, o per dirla in un altro modo: gli Asi che abitavano sulla nuova luna erano in svantaggio rispetto agli Asi sulla più vicina vecchia luna a causa della sua maggiore distanza dalla Terra; la loro possibilità di influenzare gli esseri umani era minore, più inibita, più limitata. Così gli Asi non solo erano stati divisi dalla cattura della nuova luna, ma erano anche stati depotenziati nel loro effetto e quindi nel loro rango cosmico sulla nuova luna terrestre. La divisione e la degradazione cosmica degli Asi, resa visivamente visibile all'uomo nelle sue visioni, smorzò l'eccessiva venerazione umana degli Asi, che aveva preso piede tra i thorianici, i baldurianici e soprattutto i Lemuriani lokianici — la direzione aveva inflitto al potere degli Asi una umiliazione poderosa.

Ma sarebbe insufficiente pensare a questa umiliazione del potere degli Asi come avente solo effetti psicologici sull'umanità; piuttosto, sembra indispensabile vederla in relazione ai cambiamenti biologici delle forme umane. Abbiamo già trattato in dettaglio una di queste trasformazioni biologiche delle forme umane di quella svolta, quella della divisione nei due sessi. Per quanto radicale fosse, fisicamente, spiritualmente e mentalmente, fu solo una delle due trasformazioni umane simultanee. Dobbiamo quindi riferire in dettaglio anche la seconda grande trasformazione umana di quel tempo, o spiegarla come cosmotecnicamente forzata: la trasformazione dei Lemuriani dalla forma gigante a quella nana.

A questo scopo ci riferiamo di nuovo alla diversa densità delle linee di forza tra la Terra e la vecchia luna e la Terra e la nuova luna. Questa differenza nella densità delle linee di forza, che è stata illustrata all'uomo nella possibilità o impossibilità di interscambio degli Asi tra le lune e la Terra, mostra che l'influenza delle masse psicologiche sulla Terra da parte della nuova luna era considerevolmente diversa da quella della vecchia, o, parlando nel senso della comunicazione Prasad'ica, che le forze contro-solari lunari e le forze speculari solare-motore del Sole funzionavano diversamente dalla nuova luna che dalla vecchia luna. Poiché le forze di modellazione, come riportato, hanno la dimensione

$$g^{-1}cm^{-1}sec^{+2}$$

le forze di modellazione della nuova luna hanno avuto un effetto più forte di quelle della vecchia luna.

La cattura della nuova luna doveva quindi manifestarsi in un'accelerazione dello sviluppo degli organi umani e quindi di tutte le forme del corpo. D'altra parte, poiché l'influenza da parte della vecchia e della nuova luna interferiva abbastanza frequentemente, vale a dire con ogni opposizione di entrambe le lune, le forze motorie della dimensione

$$g/cm/sec^{-2}$$

riflesse dalle lune erano frequentemente indebolite, cosicché la continuazione dell'esistenza e l'ulteriore sviluppo della grande forma ponderosa del Lemuriano era così messa in discussione. La massa fisiologica della loro grande forma corporea è stata originariamente creata per la postura strisciante, e questa massa importante aveva già trovato difficile imparare e rimanere in una postura eretta per un certo periodo di tempo. Ora le forze motorie, che sono importanti per la formazione e la tensione del corpo e che sono rispecchiate dalle lune, erano indebolite, almeno quando entrambe le lune erano in posizioni opposte, i Lemuriani trovavano ancora più difficile mantenere una postura eretta nei giorni in questione. Come avrebbero potuto i Lemuriani tenersi in piedi dopo il previsto tramonto della luna Febo, quando la luna nuova con il suo basso riflesso di potenza motrice orbitava da sola intorno alla Terra e irradiava solo forze di tensione insufficienti ai loro corpi massicci? Era allora possibile che i loro corpi continuassero ad esistere e a svilupparsi?

Dovendo negare questa possibilità, la gestione è stata costretta ad anticipare una riduzione delle masse corporee dei Lemuriani.

Una riduzione di questi era già condizionata dalla divisione dei sessi; i corpi dei Lemuriani femmina dovevano diventare più piccoli e delicati di quelli maschili, i quali si erano formati sotto l'influenza predominante della vecchia luna. Ma almeno le delicate forme femminili dovevano stare in un corrispondente rapporto di scopo con le ingombranti forme maschili rimanenti, così che questi Lemuriani bisessuali rappresentavano una vera razza di giganti, la razza gigante di cui le vecchie leggende e le fiabe raccontano tanto. Nel corso dei decenni, la gestione sarebbe stata in grado di rendere le forme corporee dei giganti sempre più piccole, in modo che al momento del tramonto della luna Febo, intorno al 34.000-32.000 a.C., essi avrebbero finalmente posseduto la massa fisiologica che corrispondeva alle forze motrici rispecchiate dalla nuova luna, e sembra che abbiano effettivamente fatto questo tentativo su piccola scala. Tuttavia, un aspetto gravoso di direzione, che siamo ben in grado di cogliere, ha parlato contro l'attuazione di questo sviluppo per la totalità dei lemuri giganti.

I Lemuriani erano, come riferito, figli dell'estate, ossia erano concepiti durante la *Frauendreißig*, a cavallo dell'estate, e nati ai primi di maggio, all'inizio dell'estate. Il concepimento e la nascita nella stagione più favorevole dell'anno hanno dato ai loro corpi, come alle loro anime, qualcosa di enorme, primordiale e gioioso. Non avevano familiarità con lo stress mentale e il rimuginare. I figli dell'inverno Kymrici, invece, erano noti per essere diversi, concepiti intorno a Pasqua a cavallo dell'inverno e nati in Avvento, all'inizio dell'inverno. Il concepimento e la nascita nella stagione sfavorevole dell'anno davano ai loro corpi e alle loro anime qualcosa di tenero, di contemplativo; lo sforzo e il rimuginio rodevano costantemente le loro anime gelide e affamate di luce. Siccome il piano della direzione era quello di educare l'umanità all'autocoscienza, i bambini invernali corrispondevano meglio al loro obiettivo che i bambini estivi. Se la direzione avesse sviluppato l'insieme dei figli dell'estate dei Lemuriani giganti in modo tale che i loro corpi fossero diventati più piccoli e delicati, avrebbe rimodellato biologicamente i Lemuriani secondo le forze motorie del nuovo sole rispecchiato dalla nuova luna, ma psicologicamente li avrebbe lasciati come veri figli dell'estate e quindi servire l'obiettivo della direzione, avrebbe dunque dovuto allevare anche i figli dell'inverno tra i Lemuriani.

Questo allevamento dei primi figli Lemuriani dell'inverno, se capiamo bene i rapporti, avvenne ancora allo stato unisessuale. Erano forme intermedie nane e unisessuali che si svilupparono in questo modo e dalle quali, probabilmente già nella sequenza di vita successiva, si svilupparono quei ceppi nani bisessuali i cui discendenti poco modificati troviamo ancora oggi in Africa. Con i figli dell'estate e dell'inverno dei Lemuriani a 2 sessi apparve la 4° razza radice dell'umanità.

Allo stesso tempo, la divisione dei sessi ha preso piede anche tra i Kymri. Questa divisione dei sessi fu seguita dalla rottura del regolamento della procreazione cosmica e quindi dalla fine improvvisa dell'educazione puramente odhinnica dei Kymri. Loki aveva generato il suo seme spirituale nei Kymri a 2 generi e quindi apriva naturalmente anche il potere educativo sui Kymri agli Asi thorianici e baldurianici. Perciò, si svilupparono tra loro tensioni e attriti mentali simili a quelli che si svilupparono tra gli *Stainkinder* in quel periodo, quando caddero dall'educazione originariamente puramente odhinnica a quella del potere degli Asi a 4 divisioni. E proprio come i Lemuriani 4-divisioni erano stati una volta, i Kymri 4-divisioni ora dovevano essere dispersi. Ci sono stati quindi recentemente grandi movimenti migratori sulla Terra, movimenti migratori a cui si sono uniti anche quelle Sippe di Lemuriani che vivevano in una sorta di amicizia personale con i Kymri emigranti.

Le migrazioni kymriche furono particolarmente significative per lo sviluppo dell'umanità, poiché rappresentarono non solo un reinsediamento verso i quattro poli asici conosciuti, ma anche un reinsediamento verso nuove aree di insediamento. Questi ultimi erano sparsi su quasi tutta la terra abitabile in quel momento, naturalmente in modo molto esteso. La tradizione conserva la memoria di alcuni dei più importanti, per esempio: Harz[18], Atlantide Nord e Sud, Caucaso.

I discendenti dei Kymri che emigrarono a Goslar nelle montagne dell'Harz e fondarono la scuola di cosmotecnica spiritualmente e storicamente importante a Goslar videro in queste migrazioni kymriche un fatto così significativo che dal tempo di questa migrazione calcolarono virtualmente lo sviluppo della 5° razza radice dell'umanità. La Scuola Cosmotecnica dell'Atlantide Nord, che fu poi trasferita a Wittow sull'isola di Rügen, non è però d'accordo con questo calcolo, collegando l'emergere della 5° razza radice con la legislazione razziale del re supremo Danese Frodi, il quale ha unito i figli della Terra fisicamente più selezionati e spiritualmente più avanzati della 4° razza radice con i "figli della luce" kymrici nei matrimoni, da cui è emersa l'attuale razza umana, che può pensare concretamente e astrattamente e quindi intreccia consonanti e vocali e sillabe vocali nel suo linguaggio.

Sulla base di questa trasformazione razziale descritta, vediamo intorno all'84.000 a.C. 3 razze umane, 1° Kymri della 2° razza radice, 2° giganti della 3° razza radice e 3° nani della 4° razza radice in una formazione di 4-divisioni asica che si sviluppa in modo bisessuale. Così, a quel tempo, oltre alle forme unisessuali ancora conservate a lungo nella prole, c'erano complessivamente 12 tribù umane bisessuali, 12 tribù, diverse e separate tra loro sia spiritualmente che fisicamente. Sviluppare queste 12 tribù completamente diverse, sia fisicamente che spiritualmente, nel quadro del loro piano di elevazione verso la meta unitaria prefissata di questo piano, era il compito immenso della direzione, e due dei suoi più impor-

---

[18] Catena montuosa in Germania, N.d.T.

tanti aiutanti per questo compito erano Asi e Vani.

Di questi due, i Vani erano, come sappiamo dal mito della collana Brisinga, completamente allineati con la direzione attraverso il loro spostamento dal Polo-Est della Terra al sole opposto, di conseguenza l'allineamento fisico di tutte le 12 tribù umane ad una forma unificata desiderata adatta alle condizioni di radiazione cosmica doveva riuscire senza problemi. Per la maggior parte, questa forma unificata è già stata raggiunta da migliaia di anni, anche gli scarti più o meno cresciuti della 4° razza radice: mongoli, negri, indiani, eschimesi, nani... corrispondevano in gran parte a questa forma unificata.

Dei giganti, la maggior parte è degenerata dopo la caduta della luna Febo verso il 34-32.000 a.C. I loro corpi massicci erano troppo poco sollecitati dai soli raggi motori riflessi dalla luna attuale per continuare ad esistere. Si estinsero o furono spazzati via in battaglie combattute senza tregua, come riportano numerose saghe. D'altra parte, quegli umani giganti che furono selezionati dalle direzioni a circa 2,50 metri [altezza] in accordo con le nuove condizioni di radiazione sopravvissero e furono in grado di svilupparsi ulteriormente. Il loro numero, tuttavia, era troppo piccolo per continuare a rappresentare le tribù giganti originali. Re Halfdan dall'Atlantide del Nord, che stabilì un ordine reale dopo la fine dello sprofondamento della luna Febo, contava quindi i discendenti dei giganti come un'unica tribù umana. Nel suo ordine regale non c'erano quindi 12, ma solo 9 re dell'Umanità, il cui ordine, compiti e cambio ritmico di compiti i cosmotecnici dei tempi successivi hanno conservato nel noto quadrato magico del Santur a 3x3=9 campi di memoria.

Come la maggior parte dei giganti, molti dei nani minori furono spazzati via in feroci battaglie. Però, la maggior parte delle 4 tribù di nani della 4° razza radice è stata selezionata dalla gestione fino alla taglia media umana di oggi.

Se la direzione è riuscita con relativa facilità, con l'aiuto del potere dei Vani, che sono completamente allineati con essa, a sviluppare le forme corporee degli esseri umani secondo il suo piano e i rapporti di potere cosmico esistenti, lo sviluppo spirituale dell'umanità secondo il piano le ha fatto e le fa tuttora difficoltà maggiori. Perché l'aiutante della direzione per lo sviluppo animico-spirituale dell'umanità è il potere degli Asi, potere degli Asi che è stato esso stesso diviso dalla direzione bianco-nera e che, ai fini della direzione, deve a sua volta assicurare la costante divisione degli spiriti umani.

Questo potere degli Asi, diviso in se stesso, è dunque soggetto ad una legge inconcepibilmente triste, dolorosa. Originariamente uniformemente odhinnico, completamente al servizio di un piano uniforme di costruzione animico-spirituale di *god* per l'umanità terrestre, deve educare i suoi discepoli umani ad una meta divina uniforme, spaventosamente alta e lontana, in modo che ci si debba assolutamente rivolgere a loro come servitori primordialmente fedeli al *god* del pensiero unitario esistente. La loro fedeltà al dovere li impegnava alla direzione, che non poteva non utilizzare il potere degli Asi in conformità alla sua missione in bianco e nero. Per poterlo fare, bisognava prima aggiungere un'ala lokianica alla stessa e arruolare gli Asi thorianico-baldurianici come controparte dei lokianici. Numerosi passaggi dei miti Nordici sottolineano enfaticamente che l'originale potere degli Asi, odhinnici, baldurianici, thorianici, per così dire, non si riferivano al lokianico come loro pari, ma come Asi inautentici, come invasori della loro razza, che avevano paura delle capacità superiori e dei successi clamorosi degli stessi, e che nutrivano persino sentimenti di odio, leggasi "Loka-senna".

Non sarebbe mai venuto in mente a nessun membro del potere originale degli Asi di portare divisione e lotta nelle file dei loro discepoli umani, o addirittura di distruggere la loro religione originale, per educarli a un'indebita venerazione del potere degli Asi, i Lokianici, che erano stati loro assegnati dalla direzione, e questi di nuovo solo ai fini della direzione, determinati fin dall'inizio, per così dire, nella massa dei successi ottenuti, inibiti, per essere infine di nuovo completamente eliminati. Tuttavia, la necessità di questo modo di agire della direzione grava su tutto il potere degli Asi. I più duri di tutti, naturalmente, sono gli Asi originari, immutabili e fedeli a *god*, che sono stati prima ostacolati dagli invasori lokianici della loro razza attraverso immensi periodi di tempo e che devono portare avanti la loro opera educativa prevista fino alla fine, costantemente disturbati e inibiti dai potenti lokianici, che la portano avanti con una fedeltà senza fine, ma che, da parte della direzione, insieme ai lokianici, sperimentano la stessa continua graduale umiliazione. Condividendo cosmotecnicamente le stesse condizioni di esistenza, cadono nella stessa sorte dei lokianici, nel Ragnarok.

Naturalmente, questo destino, che la direzione deve preparare per gli Asi, è quello che pesa di più sulla direzione stessa, perché tutti gli Asi sono esseri esemplarmente doverosi, e gli Asi originali come anche i lokiani non eseguono altro che ordini della direzione per l'educazione spirituale del genere umano. Così è anche la direzione che, con le perturbazioni lokianiche dell'esistenza umana e il trattamento apparentemente ingiusto degli stessi Asi, si attacca alla croce, dalla quale può essere liberata di nuovo solo attraverso lo swipdag odhinnico...

Abbiamo definito il continuo calo graduale del potere degli Asi una necessità cosmotecnica. Abbiamo già spiegato come cosmotecnicamente imperativa la cattura della nuova luna e più tardi la scomparsa della vecchia luna dovettero portare ad un calo del potere degli Asi, e dovremmo ora determinare come ulteriori cambiamenti negli spazi di forza del Sole e della Luna portarono cosmotecnicamente ad ulteriori cali del potere degli Asi. Miti antichi come quello dell'apparizione e del collasso dell'asteroide Skiöld (=

scudo — scudo solare), un asteroide che per un certo periodo orbitò strettamente intorno al sole fino a schiantarvisi, ce lo permetterebbero qui, ma ci sembra incomparabilmente più importante sottolineare che la più grande degradazione degli Asi, la loro "dissacrazione", fu raggiunta dalla direzione attraverso l'educazione dell'umanità da parte degli Asi stessi. Questo fatto, tuttavia, è così vividamente e vigorosamente illustrato dal noto mito di Prometeo e trattato in numerose osservazioni storico-spirituali che la continua e graduale degradazione del potere degli Asi come risultato della loro stessa attività educativa verso l'umanità non ha bisogno di essere ulteriormente elaborata qui.

Per quanto riguarda lo scopo e la finalità della prevista riduzione del potere degli Asi da parte della direzione, abbiamo già indicato che la direzione considera il campo di forza della luna insieme agli esseri che vi abitano solo come una stazione di trasmissione cosmotecnica, come una stazione amplificatrice di certi raggi cosmici che devono colpire la Terra con forza speciale. Tra questi raggi, come è noto, ci sono anche quelli psicologicamente attivi, e questi, serviti dagli Asi, possono, secondo l'antica concezione, essere colorati diversamente dagli Aesir secondo le loro diverse nature, ovverosia odhinnico, baldurianico, thorianico e lokianico. Gli Asi lokianici sono, naturalmente, i più efficaci in quest'arte. Sanno ricolorare ogni comando psicologico, determinato dalla direzione, in modo tale che deve avere un effetto disturbante sull'anima. Se, per esempio, la direzione considera giunto il momento di una nuova invenzione benefica, e considera giunta l'invenzione in questione, e accende i relativi raggi direttori che indirizzano le persone adatte verso questa invenzione, Asi odhinnico, baldurianico, thorianico si sforzano di rendere chiara a queste persone la natura e la benedizione della nuova invenzione, gli Asi lokianici si mettono in attesa finché le persone comprendono la novità della questione e si sforzano di sfruttarla a beneficio dell'umanità. Solo ora è arrivato il momento per i lokianici di prendere la nuova invenzione per la loro parte, e con prudenza e accuratezza ammirevoli fanno in modo che soprattutto nessuna persona influenzata da odhinnici, baldurianici, thorianici se ne vada con la nuova invenzione. Ovunque una tale persona si giri, trova porte chiuse, Loki rispecchia tutti quelli a cui si rivolge. Stanco, disperato, amareggiato, abbandona la sua invenzione o vi si aggrappa senza successo, un pazzo. L'invenzione, destinata dalla direzione all'umanità, viene comunque realizzata, e Loki se ne occupa. Naturalmente, in modo tale che non diventi mai una semplice benedizione. Benedizione e maledizione in una miscela colorata, dando a chi porta e a chi riceve, affinché l'invenzione sia finalmente consegnata all'umanità.

Che la direzione, grazie a questa assidua e instancabile arte di Loki, sia in grado di scindere sempre più finemente, sempre più opportunamente, tutti i concetti di esistenza è chiaro, ma è altrettanto chiaro che attraverso questa urgente educazione lokianica la Terra deve diventare un luogo di ogni male e sofferenza, e di conseguenza un luogo di confusione. Ma dovremmo poi formare le persone che, come i bambini, nello sviluppo spirituale, siccome Loki continua a ingarbugliare, tentano di trovare una via d'ascesa fuori da questa confusione, come dovrebbero affermare in vita un'ascesa che Loki costantemente stra-'nega'[19] con prepotenza.

Notiamo che Goethe, nella sua nota citazione degli "spiriti" che "negano" e per facilità di comprensione, ha usato *"verneinen"* che limita l'immaginazione invece del *"verneunen"* che espande l'immaginazione e che è ancora usato dai portatori di tradizione per indicare l'efficacia di Loki. Nove, ogni aritmetico conosce le proprietà uniche del numero 9: 9 è il numero di Loki, il numero di Saturno, il cui quadrato magico ha 9 quadrati, e nove è la serie numerica della Legge del Progresso Spirituale, l'ultimo numero a una cifra, l'ultima espressione a una cifra di valore massimo della Legge

---

19 *'Neunt'*, N.d.T.

dello Spirito, quell'espressione di essa che preme inesorabilmente verso il completamento. Il 'nove' — 9 — si divide dunque, termina la serie delle (9) leggi mononucleari che stabiliscono l'unità spirituale dell'esistenza e prepara i numeri a 2-3-4 eccetera in cui trova le sue leggi la vita bipartita (3) che gira costantemente, (4) basata su 4 elementi. Per questo motivo, il 'nove' non è solo fondamentale nell'aritmetica dello spirito (aritmomanzia-cabbalistica) ma anche nel linguaggio; sia la causa dei giganti che quella dei Kymri erano basate ognuna su 9 suoni, dovevano essere formate da 9 suoni, perché solo con un numero di nove le leggi aritmetiche uniche del 9 potevano avere anche un effetto linguistico, per cui il linguaggio originale diventava magico-creativo.

Se Loki, a causa della legge del nove spirituale conferitagli, nega costantemente, e da un lato divide, e dall'altro spinge verso il completamento, come sappiamo dall'effetto del portatore astrologico della legge di Loki, Saturno, questo doppio ruolo doveva dargli una posizione perpetuamente mutevole all'interno del potere degli Asi. La posizione costantemente mutevole di Loki all'interno del potere degli Asi deve anche cambiare costantemente l'atteggiamento degli altri Asi nei suoi confronti, così che il potere degli Asi offre ai veggenti un quadro mutevole come un caleidoscopio. Naturalmente, questo quadro mutevole asico deve anche riflettersi sull'attività educativa asica nei confronti degli esseri umani e quindi essere soggetto a leggi mutevoli riconoscibili. La realizzazione di queste leggi di alternanza dovrebbe facilitare il lavoro educativo umano, ragione sufficiente per incoraggiare i Kymri, i capi dell'umanità, Femanen e i Samanen a ricercare le leggi asiche di alternanza.

Anche la conoscenza umana delle leggi asiche di alternanza ha seguito il percorso di sviluppo dalla sola visione interna alla sinossi interna ed esterna. Finché la gente guardava solo verso l'interno, era facile per gli Asi riflettere visivamente ai sensi interiori della gente, l'equilibrio di potere prevalente nel potere degli Asi e mostrare loro ogni cambiamento di potere asico. Anche la radicata venerazione umana degli Asi richiedeva tale illuminazione, poiché senza di essa nessun lokianico, baldurianico, thorianico avrebbe saputo quando il potere degli Asi, che lo educava, era al massimo della sua forza – declino della forza – minimo della forza – aumento della forza, in quali momenti e in quale atteggiamento mentale condizionato dal tempo era quindi da venerare.

Oltre a questa lezione di visione interiore, alle persone delle caste e delle razze più sviluppate fu insegnata la lezione di visione esteriore dell'osservazione di stelle-Luna-Sole. Le fasi lunari e il corso delle lune, dei soli e delle stelle planetarie entrarono così nel campo visivo fisico e spirituale cosciente degli osservatori e rivelarono loro connessioni irresistibili tra i processi astronomici e le leggi per l'influenza degli esseri ultraterreni sull'umanità, specialmente con le leggi del cambiamento incessante delle forze all'interno del potere degli Asi. In effetti, dall'84.000 a.C., l'astronomia e l'astrologia sono emerse come una scienza in qualche modo "reale", e con la determinazione delle osservazioni e delle saggezze conservate in esse difficilmente si può congetturare. Restiamo in soggezione davanti ai numerosi grandi osservatori preistorici di tutto il mondo che servivano il sistema del calendario, e guardiamo gli antichi calendari conservati con il loro groviglio colorato delle figure più avventurose e dei segni più incomprensibili, scuotendo la testa. Ci meravigliamo del fatto che, per esempio, nei vecchi osservatori scientificamente colti, sono fissate le linee estreme lunari, con l'aiuto delle quali si potevano osservare i periodi di Saros di 18 anni e 10 giorni. Riconosciamo la magnificenza delle conquiste astronomiche così raggiunte, che hanno potuto essere prodotte solo dopo 10.000 anni di sforzi e che hanno permesso di calcolare in anticipo le eclissi solari e lunari, ma trascuriamo l'arte degli antichi nello sfruttare le eclissi solari e lunari per lo studio delle leggi del cambiamento incessante delle forze all'interno del potere degli Asi.

Le eclissi solari e lunari dovevano essere particolarmente significative per l'educazione asica dell'umanità, poiché coincidono con le lune nuove e piene, ma in luna nuova sono principalmente influenze odhinniche, a luna piena sono principalmente influenze lokianiche. I sapienti che potevano calcolare in anticipo le eclissi solari e lunari e determinare i tempi esatti con l'aiuto dei loro osservatori erano in grado, in ore cosmotecnicamente favorevoli e con l'aiuto dei sensi interiori, di ricevere senza interferenze ciò che Odhinn, come rappresentante asico del polo direttivo Kristur, e Loki, come rappresentante asiatico del polo direttivo Utgarda-Loki, annunciavano loro in termini di compiti e destini per i prossimi mesi, anni, decenni o secoli. In questo modo, hanno imparato a riconoscere i compiti atemporali e condizionati dal tempo e a comunicarli ai loro simili, compiti irrazionali e sviluppi finali a loro volta attraverso le comunicazioni di Loki. Conoscevano quindi il futuro, conoscevano gli equilibri di potere prevalenti e futuri all'interno del potere degli Asi e potevano quindi organizzare e condurre tutta la loro vita e quella dei loro circoli secondo la volontà della direzione. Le guide dell'umanità, che lavoravano in tal modo in sincronia con la direzione sui loro fratelli umani, che lavoravano anche sullo sviluppo spirituale oltre che mentale e fisico, diventavano così il livello terrestre della gestione, e stavano in rapporto più stretto con la gestione nel contro-sole. Non solo assumevano ordini e istruzioni, ma riferivano anche le percezioni, ovverosia recitavano come vedevano gli effetti terreni di direzione e gestione con i loro occhi umani, facevano richieste e desideri dal loro punto di vista per un ulteriore sviluppo, cosa che erano abilitati a fare grazie alla loro conoscenza delle intenzioni e delle leggi di sviluppo. E direzione e gestione cosmica tiene volentieri conto delle voci dei signori delle comando terrestri quando chiedono ciò che è giusto per lo sviluppo. Il livello della gestione terrena divenne così un'istituzione importante e spesso co-decisiva dell'esistenza terrena.

Sarebbe un compito relativamente semplice e gratificante descrivere la struttura della gestione terrena sulla base delle antiche tradizioni, ma dobbiamo qui astenerci da questo lavoro, o limitarci solo alla breve informazione che essa ricevette il potere degli Asi in 12 parti, proprio come la gestione cosmica e come l'Umanità del tempo dell'84.000 a.C. Dobbiamo dire qualcosa su ciò in questa sezione, che tratta della caduta del potere degli Asi.

Finora avevamo riportato solo un potere degli Asi in 4 parti, e nel paragrafo appena precedente avevamo parlato di direttive future odhinniche nel caso delle eclissi solari e lokianiche nel caso delle eclissi lunari. Perciò, se ora si parla di una 12-divisioni del potere degli Asi, bisogna affermare che i due grandi antipoli del potere degli Asi sono Odhinn e Loki finché la direzione del mondo è polare, e che accanto a questi due antipoli ci sono i 2 poli intermedi Baldur e Thor, che sono anch'essi polari tra loro e svolgono solo un ruolo assegnato al polo Odhinn. La natura in 12 parti del potere degli Asi, che, secondo la tradizione, si riflette davanti all'occhio interno degli osservatori dall'84.000 a.C., è comprensibile da due considerazioni. Una considerazione si basa sulle 3 razze umane "gigante-nano-Kymri", che vivevano fianco a fianco nel periodo tra 84.000 e 32.000 a.C. ed erano tanto diverse tra loro mentalmente quanto fisicamente. Se gli Asi dovevano educare mentalmente queste 3 razze, dovevano assolutamente adattarsi a loro. I giganti potevano essere educati solo istintivamente, i nani solo materialisticamente in modo razionale e i Kymri solo spiritualmente in modo irrazionale. Quindi, anche tra gli Asi 3 gruppi hanno dovuto scegliere metodi di educazione istintivi, materialisti e spiritualisti. Inoltre, ognuna di queste 3 razze pre-umane era divisa in 4 tribù: odhinnica, baldurianica, thorianica, lokianica, ognuna delle quali era educata da un Ase corrispondente. Così, gli Asi Odhinnici dovevano educare istintivamente e materialisticamente e Loki spiritualisticamente. Per quanto questo non sembri adattarsi alla loro natura, se ne sono fatti facilmente una ragione: gli Asi odhinnici educati con nobili istinti a un materialismo aulico, giusto, utile, che è sempre percepito come una benedizione per l'umanità, e Loki educato a uno spiritualismo, che ha diviso ancora di più l'umanità. Pensate a circa una dozzina di scuole di filosofia spiritualista negli ultimi millenni...

L'altra considerazione ci fa capire la necessità di 12 parti del potere degli Asi dalle 12 divisioni della gestione biologica vanica trasferita al sole opposto. Finché i Vani con le loro 4+8 divisioni nane governavano la Terra, potevano facilmente fare giustizia della divisione del genere umano in lemuriani odhinnici, baldurianici, thorianici e Lokianici e Kymri, ora che erano stati trasferiti con la loro corte al sole opposto e si aggiungeva la nuova luna con il suo riflesso fortemente formativo della Terra, inoltre, invece delle precedenti 5 ora 12 tribù umane popolavano la Terra, avevano bisogno di un'equiparazione della loro schiera di aiutanti con il potere delle lune degli Asi, ma soprattutto della nuova, e siccome la schiera di aiutanti dei Vani è di 12 divisioni, inoltre l'intero spettro di potenza delle 12 divisioni, il potere degli Asi doveva essere diviso in dodici, se non altro per le possibilità di un'equiparazione.

Riconosciamo così il fatto notevole che gli Asi, da un lato, furono degradati e si svilupparono sempre verso la loro caduta — *"Ragnarök"* — mentre, dall'altro, trovarono il legame più stretto con la gestione vanica-biologica come suoi assistenti psicologici e furono virtualmente inclusi in essa.

Ma si noti il cambiamento: fino all'84.000 a.C., gli Asi erano di rango pari ai Vani; dall'84.000 a.C., gli Asi sono solo al livello degli aiutanti nani, ossia sono decaduti.

Per concludere la nostra sezione sulla svolta del destino degli asi dell'84.000 a.C., altre 3 domande:

- In che misura l'*Edda* racconta le 12 parti del potere degli Asi?

- Perché la direzione spinge il potere degli Asi verso la rovina?

- E a chi, secondo l'*Edda*, la direzione intende affidare i compiti asici dell'esistenza dopo la scomparsa del potere degli Asi?

In che modo l'*Edda* riporta le 12 unità del potere degli Asi? Sono menzionate in 2 passaggi, nel *Grimmnismal* e nel *Fjölsvinnsmal*, ma in entrambi i passaggi con nomi diversi. Comprendiamo queste differenze nei nomi dal costante cambiamento di potere all'interno del potere degli Asi, se centinaia di 12 divisioni del potere degli Asi fossero guidate, mostrerebbero sempre nomi diversi. Il *Grimnismal* di Odhinn menziona da solo più di 50 nomi, che gli vengono assegnati secondo il lato del suo essere mostrato al momento, o secondo le rispettive condizioni cosmotecniche. Ogni singolo Ase si mostra diversamente ai giganti, ai nani, agli umani, ogni singolo Ase in ogni grande stadio di sviluppo diversamente, ogni singolo Ase nei diversi giorni di un singolo mese, persino nelle diverse ore di ogni singolo giorno diversamente.

Come esseri che portano un cambiamento costante nella condizione spirituale e mentale degli esseri umani, essi stessi devono essere soggetti a un cambiamento costante.

Perché la direzione sta portando il potere degli Asi alla rovina? A questa domanda è particolarmente difficile rispondere, poiché la direzione ha ovviamente bisogno del potere degli Asi per l'educazione del popolo ed è difficile vedere perché la direzione dovrebbe punire con la rovina questi aiutanti per i loro scopi. Crediamo di poter dare la risposta che la caduta del potere degli Asi non è affatto una punizione per loro, ma solo un cambiamento di stato. Solo lo stato attuale degli Asi, in cui Loki, che non è un membro primordiale di essi, gioca il ruolo principale, è quello di perire. Loki ha scisso l'umanità, esercitando così un incarico che terminerà quando la scissione prevista dal piano direttivo sembra essere stata realizzata.

A chi, secondo l'*Edda*, la direzione intende affidare i compiti asici dell'esistenza dopo la scomparsa del potere degli Asi? Chi altro se non il potere degli Asi, che si è trasformato in un altro stadio, e senza Loki. Le parole finali del *Völuspa* lo annunciano. Un potere degli Asi senza Loki, tuttavia, significa per l'umanità un mondo rinnovato in cui non ci sono più crimine e morte. I versi finali del *Völuspa* lo proclamano:

> *Vedo la terra alzarsi per la seconda volta*
> *Dal diluvio la terra nel fresco verde*

> *Nei campi non seminati cresceranno spighe di grano,*
> *tutto il male svanirà…*

Un potere degli Asi senza Loki è però possibile solo quando lo stesso polo bianco Kristur si libera del contropolo nero Utgarda-Loki nel governo del mondo, quando Kristur da solo è di nuovo il governo del mondo, come lo era una volta 228.000 anni fa. I versi finali del Völuspa annunciano anche questo, perché:

> *Dall'alto viene il nobile sovrano onnipotente*
> *viene al signore per il più alto giudizio*

Naturalmente, una tale trasformazione dell'esistenza deve anche essere giustificata cosmotecnicamente. Abbiamo trattato le precondizioni cosmotecniche per una tale trasformazione in modo così dettagliato che dobbiamo solo ripetere: l'attuale Sole visibile perde la sua posizione centrale, diventa un sole in lotta, l'attuale contro-sole invisibile si inverte, diventa visibile e combatte con quello morente per la supremazia. Durante questo periodo della battaglia dei soli, la battaglia del vortice dei doppi soli, nel nostro sistema solare e sulla Terra stanno avvenendo cambiamenti tremendi, che sono descritti nel Völuspa:

Il sole diviene nero, affonda la terra nel mare, svaniscono dal cielo le lucenti stelle; romba il vapore con la fiamma, danza alto il calore con il cielo stesso.

Ma il contro-sole con il nuovo capo celeste apolare si erge radioso e vittorioso nella lotta per il nuovo mondo:

Una sala vede ella ergersi, più bella del sole,
intessuta d'oro a Gimlé, là dovranno dei fedeli le schiere
dimorare e nel giorno imperituro di celeste gioia.
Allora giunge questo regno al giudizio del potere, magnifico,
possente, colui che tutto governa".

Il fatto che il sangue del lupo Fenrir divori il nostro Sole non è quindi un destino distruttivo ma di redenzione per il nostro mondo, proprio come nella favola di Cappuccetto Rosso il divoramento di Cappuccetto Rosso (= Sole) da parte del lupo porta solo alla caduta del lupo.

****

Stiamo solo procedendo all'illuminazione della 4° prospettiva in cui si può contemplare il giro del mondo dell'84.000 a.C., quella prospettiva che abbiamo intitolato così:

As = 4 Elevazione dell'umanità dallo stato governato secondo l'ordine cosmico (paradiso) allo stato di individualità diretto (gestito), che porta al superamento critico dell'Io-individuale.

Quando le persone vivevano ancora in uno stato paradisiaco e le loro vite scorrevano esattamente secondo l'ordine cosmico, erano così completamente collegate all'universo che non sarebbe stato buono per nessuno sentirsi separati. Ognuno viveva nell'universo e l'universo in lui. Le differenze tra Io, Tu, Egli erano sconosciute.

Ma anche sconosciuto era uno scopo dell'esistenza umana. Non appena l'Io si è trasferito nei proto-ominidi, ha cominciato ad essere in opposizione al Tutto, come qualcosa di separato, non più completamente connesso al Tutto. Certo, all'epoca in cui l'Io si è insediato, non si era ancora così presi dall'Io come lo si è oggi, si viveva ancora in intima connessione con il Tutto, ma in qualche modo, da qualche parte, l'Io ha parlato e ha detto: di ciò che esiste intorno a te, e poiché è così, tu ne hai diritto. Affermare questo diritto è diventato lo scopo dell'esistenza. Questo era già diventato evidente nel periodo che va dal 228.000 all'84.000 a.C., ma è diventato lampante solo con la divisione dei sessi e la concomitante rottura della procreazione regolata cosmicamente, poiché l'istinto sessuale è la radice più forte dell'Io-individuale. Gli antichi avevano quindi posto anche il fallo come la similitudine più convincente dell'Io, la runa *Is*.

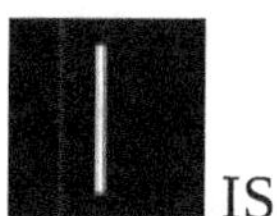

È il compito del polo di direzione Utgarda-Loki di rendere l'io principalmente percepibile all'essere umano, e quanto eccellentemente questo polo di direzione funzioni è qualcosa che sperimentiamo più dolorosamente durante la nostra vita. Ma impariamo anche che la direzione non si preoccupa solo di incitare l'Io, ma anche di mostrare i suoi stretti limiti. I miti Nordici Utgarda-Loki sono meravigliosamente istruttivi a questo proposito. Come questo polo di direzione sa come far salire il sentimento dell'Io di Thor, e quindi naturalmente quello di tutte le persone determinate dal thorianico, per poi fargli sentire doppiamente dolorosamente i limiti delle loro capacità! E come poi si sforza di illuminarli. La realizzazione dell'Io è una necessità, l'aumento della capacità dell'Io fino al limite massimo è una necessità, ma è ancora più necessario rendersi conto che tutto il risveglio serve ad alti scopi di guida del mondo.

Indubbiamente, senza l'Io-risvegliato, l'Io-amore, l'Io-catturato, tutto lo sviluppo umano animico e spirituale fiorirebbe solo indicibilmente lentamente, nessun essere umano si sentirebbe corresponsabile dello sviluppo della creazione, dei suoi progressi e delle sue battute d'arresto, tuttavia, ottenere il più alto e decisivo coronamento del dell'importanza del mondo dell'Io non attraverso l'Io-individuale ma unicamente attraverso il suo superamento, attraverso l'Io-responsabile, che è diretto proprio come quell'Io-catturato, ma che è influenzato dal polo di Kristur della direzione. Se Utgarda-Loki spinge l'uomo all'illusione che il suo Io sia qualcosa di speciale, che, lasciato a se stesso, può fare cose straordinarie, Krist risolve questo spasmo insegnando che solo la completa integrazione dell'Io umano nel grande Tutto-Io-Unico eleva l'Io individuale dal valore finito al valore eterno.

Gli scopi finiti di Utgarda-Loki e gli scopi eterni di Krist si completano così a vicenda nell'educazione dell'Io, e questo atteggiamento di entrambi i poli di direzione verso l'Io umano porta alla questione della ragione originaria di questo atteggiamento di direzione. Ma gli antichi cercavano di rispondere a questa domanda anche a partire dalla loro concezione della relazione dell'Io con l'anima, o, come la chiamavano loro, «con la scintilla divina nell'uomo».

Dobbiamo prima delineare brevemente il vecchio concetto della scintilla divina nell'uomo. I cercatori di *Gôt* di tutti i popoli e di tutti i tempi hanno riconosciuto che una scintilla divina operava nell'uomo. Hanno inoltre riconosciuto che questa scintilla, per la sua natura divina, sta direttamente nell'essere infinito ed è libera da tutte le qualità di consistenza, di apparenza, e quindi ha una capacità divino-creativa. La scintilla può usare questa capacità per costruire, smantellare, ricostruire e produrre un vettore per se stessa e per la cooperazione creativa con altre scintille nel Tutto del Creato. Di conseguenza, questa scintilla deve stare sulla soglia tra l'essere divino e la natura, l'apparenza, è unita all'essere divino, l'essere divino e la totalità di tutte le scintille formano quindi il Grande Tutto, o il Tutto Io Unico.

Le scintille lavorano costantemente ai compiti creativi del Tutto Io Unico secondo la legge di causalità, ma i portatori delle scintille sono consapevoli solo del minimo di questo lavoro, e questo poco solo come risultato e nella misura del risveglio del loro Io. L'Io è dunque, nella concezione più alta, la soglia di coscienza della natura divino-creativa e dell'attività della scintilla nel suo portatore.

Ma solo lentamente l'Io umano si è sviluppato nella soglia di questo divenire cosciente della scintilla. Due fatti l'hanno ostacolata in questo:

1) La sensazione primordiale, diremmo quasi istintiva, di essere inclusi nel Tutto Io Unico.

2) Lo sviluppo urgente dell'Io fino alla soglia della coscienza per i bisogni dell'esistenza materiale, ovverosia lo sviluppo della comprensione e della ragione.

Il sentimento primordiale di essere inclusi nel Tutto Io Unico è da distinguere nettamente da quello stesso sentimento ancestrale che oggi, all'inizio dell'Era dell'Acquario, sta nuovamente afferrando con particolare forza gran parte dell'umanità. Questo presente presentimento emotivo può essere inteso come un ricordo del precedente sentimento primordiale, ma è molto più importante parlarne come una fase di presa di coscienza del Tutto Io Unico, perché manca la cosa più importante del precedente stato, la conferma del Tutto Uno che l'uomo di allora sperimentava nell'effetto magico della parola: sembra piuttosto essere stato acquisito dalla riflessione.

Poter sperimentare costantemente il Tutto-Uno attraverso

l'effetto magico di ogni parola pronunciata, questo stato, che, come ogni stato, tentava di essere accettato sconsideratamente, inibiva con più enfasi il "diventare cosciente" del Tutto Io Unico. Era quindi un compito indimostrabile per la direzione risolvere l'antica intima connessione dell'uomo con l'universo, un compito che il polo Utgarda-Loki ha svolto brillantemente.

Utgarda-Loki ha fatto questo sviluppando l'Io umano nella soglia della coscienza per i bisogni dell'esistenza materiale, separando così la comprensione e la ragione dall'intera spiritualità e mettendo quella spiritualità, che vuole raggiungere la coscienza in unità con la scintilla, sotto la prova più dura. In questo modo è diventato il grande educatore del razionalismo — sappiamo quanto erronea, subdola e dolorosa sia questa sua scuola — e diventa l'inesorabile guardiano della soglia per tutti coloro che cercano il cammino della spiritualità animica. Come tale è uno spietato esaminatore e tormentatore di ogni Io che lotta per la luce, come confermano gli innumerevoli rapporti di coloro che hanno sperimentato il Guardiano della Soglia.

L'umanità, costantemente spinta da Utgarda-Loki verso il lato razionale dell'esistenza e minacciata con le più dure punizioni per qualsiasi sforzo di spiritualità animica o, ciò che è lo stesso, per qualsiasi sforzo di spiritualità cristallina, cadde nell'illusione di confondere l'Io creato con l'increata scintilla divino-creativa, l'Io pensava di essere come *God*, di poter distinguere il bene dal male, ossia di poter giudicare non solo le condizioni e le azioni umane ma anche quelle cosmiche, quindi diventava sempre più fuorviante sui suoi simili, sulle entità di altri regni cosmici e sulla direzione stessa, in breve, si sviluppava sempre più fuori dall'Essere primordiale del Tutto Uno. E nella misura in cui l'umanità si è staccata dall'Essere del Tutto Uno, la direzione ha smantellato cosmotecnicamente la conferma dello stato del Tutto Uno, ha interrotto sempre più l'effetto (magicamente) di ogni parola pronunciata, rimandando così gli uomini sempre più alla necessità della padronanza razionale dell'esistenza. Nel mito biblico, questo sviluppo della coscienza e le sue conseguenze cosmiche sono descritte come la cacciata dal Paradiso.

Ma più l'Umanità si allontanava da quel Paradiso, che ancora si aggrappa alla nostra memoria ereditaria, più grande diventava la nostalgia di esso, e più forte si gonfiava il coraggio di non temere mai il guardiano della soglia, ma di superarlo e di cercare così la via del polo di Krist, di diventare un "Uomo di Krist", di sciogliere l'Io-bloccato e di tornare al Tutto Io Unico. Anche se il paradiso rimane chiuso per sempre, Krist apre un altro stato superiore per l'Io che ritorna, lo stato del Regno dei cieli (*himin riekrs*), paradiso (*himin*) Nordico, e scritto in pentagrammi runici e letto con una chiave scaldica significa "il creativo" (o l'Io collegato a tutti i livelli della creazione) si unisce consapevolmente alla direzione e si sviluppa in accordo consapevole con il piano direttivo. Lo stato del Regno dei Cieli, al quale l'umanità è obbligatoriamente educata dalla chiusura dello stato paradisiaco, significa quindi, in contrasto con l'incoscienza dello stato paradisiaco, il Tutto-Uno cosciente, la facoltà creativa cosciente.

Lo sviluppo dell'Io umano dallo stato paradisiaco attraverso quello dell'Io-bloccato allo stato celeste dell'unico Io è quindi lo scopo finale della direzione polare bianco-nera. Il raggiungimento di questo scopo finale mette fine all'educazione dell'Io sofferente dell'umanità e alla polarità della direzione...

Fino a che punto, tuttavia, l'evoluzione si è avvicinata al raggiungimento di questo scopo finale, e quale immensa distanza deve ancora percorrere?

Stiamo procedendo all'illuminazione della 5°visione in cui si può contemplare il giro del mondo dell'84.000 a.C., quella visione che abbiamo intitolato così:

RAD

Rad = 5 Partecipazione dell'uomo al raggiungimento del nuovo ordine critico, in costante opposizione all'effetto del potere lokianico di divisione.

Se lo stato celeste, in cui Krist sta trasferendo l'umanità, significa la cosciente totalità, la cosciente capacità creativa a tutti i livelli della creazione, allora questo stato, secondo la coscienza che esige, richiede anche che gli esseri umani si sforzino con tutte le loro forze di costruire la loro esistenza terrena come un regno celeste di ordine cosmicamente fondato, giustizia, fratellanza, cercando lo sviluppo. E infatti vediamo tutti i grandi capi dell'umanità, spiriti Samanen e Femanen che lavorano in questa direzione, lottando con il potere divisivo lokianico che spinge costantemente verso il disordine, l'ingiustizia, l'egoismo non fraterno, lo sforzo lokianico di sviluppo.

Abbiamo parlato della necessità della partecipazione dell'umanità al raggiungimento del Regno dei Cieli sulla Terra nel senso di mettersi a disposizione. Se l'Io individuale non può avvicinarsi allo stato con le proprie forze, ma solo mettendosi a disposizione, allora l'avvicinamento graduale allo stato del Regno dei Cieli può essere raggiunto solo con un atteggiamento corrispondente alle intenzioni di sviluppo della direzione dell'umanità nel suo insieme, e anche quello di una razza, una comunità, una società individuale di insediamenti, è ancora più difficile dello sviluppo critico di un Io individuale, che è noto essere lento e pieno di lotte, con numerosi piccoli e minuscoli progressi e altrettanto innumerevoli grandi e fatali battute d'arresto.

È una legge finale dello sviluppo critico che, come già spiegato, l'essere umano individuale di oggi, in contrasto con l'essere umano preistorico di 228.000-84.000 a.C., non è uniformemente diretto in odhinnico, baldurianico, thorianico o lokianico-asico, ma che tutte e 4 le direzioni asiche e tutti e 3 i regni asici sono istintivamente portati materialisticamente e spiritualmente, ovverosia un totale di 12 modi di influenza asica nelle loro molteplici sotto-possibilità, ad ogni Io individuale. Poiché i 12 modi di influenza asici cambiano costantemente nel loro rapporto di forze l'uno con l'altro, ogni singolo Io umano, e ogni singola famiglia, ogni Sippe, ogni comunità di insediamento, ogni tribù, ogni razza, ogni Paese, ogni parte del mondo, e infine l'intera umanità, è sotto mutevoli influenze asiche. E poiché le influenze psicologiche asiche generano, a volte promuovendo, a volte inibendo, malattie, l'intera esistenza umana è intimamente connessa, sia mentalmente che fisicamente, con il costante cambiamento delle relazioni di forze asiche.

Gli antichi capi dell'umanità erano quindi pienamente consapevoli di poter adempiere ai loro compiti di guida solo in una certa misura se si sforzavano di riconoscere e prendere in considerazione il costante cambiamento dell'equilibrio asico delle forze, oltre alle intenzioni di guida in parte senza tempo, in parte legate al tempo e allo sviluppo.

Come hanno acquisito e utilizzato la conoscenza in queste relazioni, come hanno elaborato i vari ritmi cosmici del Sole, della Luna, dei cicli planetari e altri nella loro ricerca del calendario, rappresenta nel suo insieme una scienza così profonda ed estesa che è impossibile svilupparla qui nell'ambito di questo lavoro.

Dobbiamo quindi accontentarci qui della tradizione della cosiddetta *Legge delle Norne* o *Legge di Urdh-Verdandi e Skuld*.

Perciò e così viene creato:

Quindi: lo Spirito come RU-1 si riflette come materia spazio-temporale UR-2.

E: lo Spirito come RU-UR riflette se stesso, trasformando il potere Io Conscio.

Così: triplicare la scintilla 1 2 3.

Diventa: triplicare l'Io 7 8 9.

Crea: triplice sostanza 4 5 6.

Le leggi fondamentali delle chiavi e dei chiavistelli.

Hari, Jafn.Hari, Thridi.

FINE DEL DOCUMENTO DI EMIL RÜDIGER

RIFERIMENTI
Dall'edizione tedesca curata da Andre Uebele, Ed. Weihert Druck GmbH, Darmstadt, 1994.

Karl Maria Wiligut, pseudonimo (Jarl Widar) nato il 10/12/1866 a Vienna, morto il 03/01/1946 ad Arolsen. Portatore di conoscenza dell'Ara-Rita.

Dipl. Ing. Emil Rüdiger, Innsbruck, Defreggerstr. 33: (1885-1952) *Tyrkreis und Tattwas im Lichte der wissenschaftlichen Forschung*, Verlag Ferdinand Berger, Horn 1929, e Verlag Herbert Reichstein, Pforzheim.

Dr. Teltscher, Innsbruck, *Odhinns-Kurven-Berechnungen*, 1920.

Dipl. Phys. A. van Stolk, Hoflaan Holl, *Kolistische und Logistische*, 1922.

Ing. Hermann Vonhof, Erfurt, *Kosmotechnische Augendiagnose*. Opere non note.

Die Edda, Kosmotechnische Betrachtungen der Skalden und Druiden Kosmoteschnikerschule Goslar.

Ra'ma Prasa'd, *Insegnamenti Indiani sui Chakra*.

APPENDICE

Ci sembrava fondamentale inserire questa Appendice con un riassunto del Mito nordico della Collana di Freyja, così importante per capire come Karl Maria Wiligut, e altri studiosi ermetici del passato, avessero compreso e avessero tramandato una grande verità nascosta, e cioè che molti miti nascondono la realtà di una conoscenza scientifica antidiluviana, cioè che si perde nella notte dei tempi, così come enunciato anche in tempi recenti Giorgio de Santillana e Hertha von Dechend nella loro notevolissima opera *Il Mulino di Amleto* (Adelphi, Milano 1983).

*****

Freyja, Dea della bellezza e fecondità, viveva da tempo nella reggia di Odino perché era diventata la sua amante, subentrando, da un certo punto di vista, alla moglie di Odino, la Dea Frigg. Visitando la reggia del suo amato, Freyja aveva trovato una grande roccia dove vivevano 4 nani, che erano degli artigiani così abili che riuscivano in tutto quello che si proponevano di fare. Un giorno Freyja, trovando l'uscio aperto di questa roccia-casa-laboratorio dei nani, li vide intenti a terminare il lavoro della creazione di una bellissima collana d'oro. Ai nani ovviamente parve bellissima, come infatti era, Freyja stessa. La Dea voleva questa collana (Brisinga) ed era disposta a comprarla cedendo in cambio oro, argento e altre cose preziose. Ma i nani non volevano da lei nulla in cambio, se non lei stessa: per 4 notti Freyja avrebbe dovuto giacere a turno con ognuno di loro, sottostare quindi ai loro voleri, e avrebbe avuto la collana. E così avvenne e Freyja tornò alla sua dimora senza dire nulla a nessuno.

Ma l'ambiguo Loki lo venne a sapere ugualmente e, naturalmente, raccontò tutto ad Odino. Perché la cosa fosse dimostrata Odino però voleva vedere con i suoi occhi questa collana e così ordinò a Loki di impossessarsene e di portargliela.

La cosa non era facile: la dimora di Freyja era una sorta di fortezza imprendibile, con porte che non potevano essere abbattute, o aperte dall'esterno da un malintenzionato. Ma, come è noto, Loki era molto astuto e avendo la possibilità di trasformarsi, diventò una mosca e così riuscì a penetrare nella casa di Freyja passando da un piccolo buco sul suo tetto. Ma i problemi non erano terminati. Dovendo sfilare la collana a Freyja, che stava dormendo nel suo letto, Loki si trasformò in una piccola pulce, e pungendo una guancia di Freyja, la fece spostare nel letto dalla parte opposta, tanto quanto bastasse per aprire il fermaglio e sfilarle la collana. Ritornato nella sua forma originaria, fu un gioco da ragazzi per Loki aprire la porta dall'interno, uscire e correre a consegnare la collana Brisinga ad Odino. Dobbiamo ora venire al punto di svolta di questa storia.

Al mattino seguente Freyja, vedendo che la porta di casa era aperta e la collana era scomparsa, si rese immediatamente conto di quello che era accaduto. Dopo essersi vestita andò da Odino lamentandosi di quello che era successo, del suo comportamento, volendo subito la restituzione della collana. Odino rispose a Freyja dicendole che mai avrebbe avuto indietro la sua collana, se non a una condizione: Freyja avrebbe dovuto far nascere inimicizia fra 2 Re (Högni e Heđinn) e così ad altri 20 sovrani sottomessi ad ognuno di loro, i quali sottomessi a una magia e a una maledizione avrebbero dovuto battersi in battaglia in eterno, morendo e rinascendo successivamente per combattersi, ricominciando la lotta. Così fece Freyja e provocò con la magia un'Eterna Battaglia tra i 2 opposti schieramenti, sempre guidati dai due Re, per l'Eternità. Per tutto ciò Freyja rientrò in possesso del suo monile, così prezioso per lei.

Fonte: adattamento da Gianna Chiesa Isnardi, *I Miti Nordici*, Ed. Euroclub, Milano 1996, pp. 117-118.

Indice analitico

A

Agrippa di Nettesheim, 92, 93
Anders, Richard, 15

B

Bach, Johann Sebastian, 96
Baldruch, Elsa, 18
Betha, Ernst, 13
Bhotiva, Zam, 16

C

Chiesa Isnardi, Gianna, 171
Czepl, Theodor, 9

D

Darrè, Walther, 15
De Santillana, Giorgio, 169
Dorenberg, Frieda, 14

E

Enrico il Leone, 17
Evola, Julius, 17

F

Fliess, Wilhelm, 81

G

Gorsleben, Rudolf John, 14
Grimm, Wilhelm, 47

H

Heydrich, Reinhard, 15
Himmler, Heinrich, 7, 14, 15, 16, 17, 18
Hörbiger, Hanns, 12, 126

I, J, K

Kirchhoff, Günther, 15, 17
Koelch, Karl, 96

L

Lanz von Liebenfels, Jörg, 9
Leurs von Treuenringen, Malwine, 8
Liszt, Franz, 98

M, N, O

Omero, 35, 40

P

Pfitzner, Hans, 98
Pölt, Dr., 66
Prasa'd, Ra'ma, 73, 74, 75, 76, 77

Q, R

Rahn, Otto, 13, 14
Röck, Karl, 45
Rüdiger, Emil, 7, 11, 18, 19, 20, 65, 99, 166, 167

S

Scapini, Antonio, 16
Schauberger, Viktor, 18
Strauss, Richard, 98

T

Teltscher, Friedrich, 167
Thaler, Marie, 9
Thaler, Willy, 9

U

Uebele, Andre, 18, 167

V

Van Stolk, Abraham, 167
Von Bülow, Werner, 14
Von Dechend, Hertha, 169
Vonhof, Hermann, 72, 80, 114, 167
Von List, Guido, 9
Von Schillings, Max, 98

X, Y, W, Z

Weisthor, Karl Maria, 13, 14, 15, 16, 17, 18
Widar, Jarl, 11, 14, 167
Wiligut, Gertrude, 8
Wiligut, Karl Maria, 7, 8, 9, 10, 11, 13, 14, 15, 16, 17, 18, 19, 20, 167, 169
Wiligut, Lotte, 8, 14
Wirth, Herman, 11
Wolff, Karl, 15, 18

Indice generale

Introduzione di Marco Zagni   7

IL MITO DELLA COLLANA BRISINGA
— LA FORZA DEI DUE SOLI   21

Riferimenti   167

Appendice   169

Indice analitico   173

GRAAL Edizioni
Print on demand